a simples beleza do inesperado

Marcelo Gleiser

a simples beleza do inesperado

3ª edição

RIO DE JANEIRO • SÃO PAULO
2019

CIP-BRASIL. CATALOGAÇÃO NA PUBLICAÇÃO
SINDICATO NACIONAL DOS EDITORES DE LIVROS, RJ

G468s
3ª ed.
    Gleiser, Marcelo, 1959-
    A simples beleza do inesperado: um filósofo natural em busca de trutas e do sentido da vida / Marcelo Gleiser. – 3ª ed. – Rio de Janeiro: Record, 2019.

    ISBN 978-85-01-10811-1

    1. Ciência – Filosofia. 2. Significação (Filosofia). I. Título.

16-35583

CDD: 501
CDU: 501

Copyright © Marcelo Gleiser, 2016

Todos os direitos reservados. Proibida a reprodução, armazenamento ou transmissão de partes deste livro, através de quaisquer meios, sem prévia autorização por escrito.

Texto revisado segundo o novo Acordo Ortográfico da Língua Portuguesa.

Direitos exclusivos desta edição reservados pela
EDITORA RECORD LTDA.
Rua Argentina, 171 – Rio de Janeiro, RJ – 20921-380 – Tel.: (21) 2585-2000.

Impresso no Brasil

ISBN 978-85-01-10811-1

Seja um leitor preferencial Record.
Cadastre-se em www.record.com.br e receba informações sobre nossos lançamentos e nossas promoções.

EDITORA AFILIADA

Atendimento e venda direta ao leitor:
sac@record.com.br

Para a truta que não peguei e a
equação que não resolvi.

— Como sabemos, a água conduz o homem à meditação.

HERMAN MELVILLE, *Moby Dick*

— Não entramos nos mesmos rios.
Pois as águas que fluem são sempre outras.

HERÁCLITO, *Fragmentos*

Sumário

Prólogo — 11

   O menino e o mar — 11
   O rio dá quando recebe — 13

Nota ao leitor — 25

1. Cumbria, Distrito dos Lagos, Reino Unido — 27

   Sobre mistérios insolúveis — 27
   Espaços abertos de beleza imortal — 32
   Solidão e sólitons — 38
   Procurando por padrões na Natureza — 41
   Líderes, liderados e rebeldes — 44
   A simples beleza do inesperado — 46
   Crença — 49
   O Deus que joga dados — 52
   Multiverso: ciência ou fé? — 55
   A bruxa de Copacabana — 65
   Razão, fé e a incompletude do saber — 71

A sedução do mistério   80
Uma linha ligando dois mundos   90
O caminho do coração   94

2. São José dos Ausentes, Rio Grande do Sul, Brasil   99

Truta tropical   99
Mudar nossa visão de mundo não é fácil   103
O amor na era da ciência   108
Liberdade ao se prender   115
Limites são gatilhos   121
O imigrante e as duas rãs   125

3. Sansepolcro, Toscana, Itália   129

A truta de Michelangelo   129
Origem da Terra, origem da vida   138
A busca sem fim pelo conhecimento   147
Alguém na escuta?   151

4. Rio Laxá, Myvatnssveit, Islândia   159

Você precisa sair deste navio!   159
Paisagem primordial   163
Uma narrativa moderna da Criação   167
Consciência planetária   177
O templo   182

Agradecimentos   193

Prólogo

Um homem só se aproxima do seu eu verdadeiro quando atinge a seriedade duma criança que brinca.

Heráclito

O menino e o mar

O menino firmou sua vara de pesca num tubo afincado na areia e olhou para o mar. As ondas rolavam preguiçosamente até a beira, enquanto o sol descia por trás dos prédios. As moças com seus biquínis minúsculos já haviam partido. Os jogadores de vôlei desciam as redes, pensando no chope que iriam beber com os amigos. A praia de Copacabana suspirava, cansada dos abusos de tanta gente. Restavam apenas o menino e alguns outros pescadores, homens aposentados sem muito o que fazer, barrigas estufadas de tanta cerveja, a pele curtida pelo sol de incontáveis tardes à beira d'água. Conheciam bem o moleque de 11 anos, que retornava ao mesmo local três vezes por semana com disciplina de jesuíta. A rotina não mudava: três anzóis no final da linha, cada um com uma isca de sardinha ou, quando o dinheiro dava, de camarão. O menino corria até a beira e arremessava os anzóis o mais longe que podia, para além da arrebentação. Após firmar a linha, ele punha a vara no tubo e se sentava na areia, um olho na vara e outro no horizonte. Pouco ligava para os demais pescadores.

Se lhe perguntassem, não saberia dizer por que pescava. Sabia apenas que precisava estar ali, sozinho, na beira do mar, esperando.

Costumava voltar para casa de mãos vazias, fedendo a sardinha e sal. No máximo, era uma cocoroca ou um bagre magro, os poucos peixes que sobravam junto à orla. Seus irmãos mais velhos caíam na gozação, pinçando o nariz com os dedos, fazendo cara de nojo, surpresos pela tenacidade do caçula. O pai se limitava a sacudir a cabeça, num silêncio acusatório.

Naquele dia, porém, a história seria outra. Em meio às ondas, a menos de 20 metros da areia, o menino viu duas sombras prateadas cortando a superfície. Afoito, pegou a vara e recolheu a linha o mais rápido que seu molinete permitia. Após renovar as iscas, respirou fundo e lançou a linha onde havia visto o par.

O menino esperou, ansioso. O tempo se arrastava em passo glacial. Nada. Desapontado, começou a recolher lentamente a linha. De repente, uma fisgada violenta dobrou a vara ao meio. "É tubarão! É tubarão!", o menino gritou, a voz entravada na garganta.

Dois pescadores vizinhos vieram correndo. Fazia anos que um tubarão havia sido pego naquelas águas. O menino correu até a beira, segurando a vara com toda força, tentando recolher mais linha. O molinete mal girava. "Vai arrebentar, menino! A linha vai arrebentar", gritou um dos pescadores, mal acreditando no que via. "Solta a linha, deixa o peixe correr!" O menino soltou a tranca do molinete. O peixe disparou como um torpedo, tentando recuperar o controle de seu destino. O terrível predador havia virado presa de um predador ainda mais terrível, um menino de 11 anos munido de vara e anzol. Foram dez minutos de batalha, o peixe fugindo para longe e o menino trazendo-o de volta. Finalmente, ganhou o menino, recolhendo-o exausto até seus pés. Não era um tubarão. Mas o peixe era grande, magnífico, o maior que o menino havia pego em sua vida; maior do que o menino havia visto outros pegarem. Uma flecha prateada com uma nadadeira dorsal amarelada, pesando uns 4 quilos, talvez um atum--branco ainda adolescente que, na sua impetuosidade, se arriscou mais do que deveria. Uma criatura mágica de tão bela.

Os outros pescadores, boquiabertos, cercaram o menino e seu peixe. Fingindo-se indiferente, o menino empacotou seu equipamento e tentou enfiar o peixe dentro da bolsa que levava a tiracolo. O rabo em forma de V ficou de fora, atraindo a atenção das pessoas no caminho até sua casa. O menino entrou triunfalmente pela porta dos fundos e depositou o peixe na bancada da cozinha. "Ô, Lindaura, vem cá, rápido!" A cozinheira, uma mulata de meia-idade que ocupava metade da cozinha, veio correndo. "Olha só o que vamos comer no jantar! E o vovô vem hoje, né?" A senhora piscou os olhos duas vezes, para ter certeza do que via. "Ocê pegou isso aqui na praia em frente?" O menino abriu um enorme sorriso. "Peguei. E peguei sozinho. Ninguém me ajudou. Quero ver quem vai gozar da minha cara agora."

Passaram trinta anos até eu reencontrar aquele menino.

O rio dá quando recebe

As águas da vida me levaram e esqueci do menino e do seu peixe mágico. Encantei-me com o Universo e construí uma carreira como físico teórico, interessado por questões que, até recentemente, não eram consideradas científicas. Como o Universo surgiu? De onde veio a matéria que compõe as estrelas, os planetas e as pessoas? Como que átomos inanimados viraram criaturas vivas, algumas delas capazes de refletir sobre sua própria existência? E se a vida existe aqui, será que existe em outros lugares? Será que a imensidão cósmica esconde outras criaturas inteligentes?

Comecei a me interessar por essas questões quando era ainda um adolescente, seduzido pelo poder da mente e por sua capacidade de ponderar assuntos que, aparentemente, eram imponderáveis. Mesmo que, em muitos casos, as respostas a essas perguntas sejam incompletas, o que importa é participar do processo de descoberta, da busca pelo conhecimento. É nossa curiosidade que nos ergue acima da banalidade do igual, da rotina de todos os dias; é nossa curiosidade que nos define enquanto criaturas pensantes.

Agora entendo que aquelas longas tardes de pescaria e contemplação eram um prelúdio do que estava por vir. A pesca requer paciência, tolerância, humildade — qualidades essenciais no mundo da pesquisa. Quantos pescadores não saem de casa de madrugada, sonhando com os peixes maravilhosos que vão pegar, apenas para voltar de mãos vazias ao fim do dia? Da mesma forma, quantos cientistas não exploram apaixonadamente uma ideia durante dias, semanas, até mesmo anos, e são forçados a abandoná-la quando a evidência a contradiz? Apesar da frustração e dos fracassos constantes, os pescadores continuam tentando, acreditando na próxima vez, enquanto os cientistas continuam propondo novas ideias, cientes da baixa probabilidade de sucesso. Em ambos os casos, a emoção vem justamente da surpresa, da possibilidade, mesmo que remota, de contrariar o fracasso esperado e pegar um belo peixe, ou ter uma ideia que nos ensine algo de novo sobre o mundo.

A pesca e a ciência são um flerte com o elusivo. Focamos o olhar na água durante horas para talvez vislumbrar um peixe que venha até o raso ou outro que pule, de repente, atrás de algum inseto. O mundo das criaturas aquáticas é outro, um universo paralelo, do qual pouco percebemos. Podemos apenas conjecturar o que ocorre sob a superfície, onde predadores e presas encenam o jogo da vida. Na pesca, a linha e o anzol são os instrumentos que usamos para sondar essa outra realidade, que percebemos apenas imperfeitamente. E assim ocorre com o mundo, que, em grande parte, também nos escapa.

"A Natureza ama se esconder", escreveu o filósofo grego Heráclito, cerca de 25 séculos atrás.* Vemos pouco do que ocorre à nossa volta. Para ampliar nossa visão tanto em direção ao mundo do muito pequeno — das bactérias, dos átomos, das partículas elementares da matéria — quanto ao mundo do muito grande — das estrelas, das galáxias, do Universo como um todo —, usamos a ciência e seus "amplificadores da realidade", os

---

* Não é certo se Heráclito disse mesmo isso, visto que não existe um fragmento de seus escritos com essa frase. Porém, assim o seu pensamento foi destilado com o passar dos séculos.

telescópios, os microscópios e outros inúmeros instrumentos de sondagem e detecção, a linha e o anzol dos cientistas. Se persistirmos na busca, se mantivermos nossa curiosidade viva, temos a chance de eventualmente vislumbrar algo que vibra, que pula, que surpreende, revelando a simples beleza do inesperado.

Saí do Brasil com 23 anos para fazer doutorado na Inglaterra e, de lá, fui aos Estados Unidos para um pós-doutorado em Chicago e outro na Califórnia. (Para quem não conhece, um pós-doutorado é uma posição que dura entre um e cinco anos, onde o recém-doutor se junta a um grupo para realizar pesquisas numa determinada área.) Casei e consegui uma posição como professor de física e astronomia na Dartmouth College, uma instituição de pesquisa e ensino fundada em 1769 no estado de New Hampshire, entre Boston e a fronteira com o Canadá. Tive três filhos e me separei após nove anos de casamento, perdendo 12 quilos durante o doloroso processo de divórcio. Foi a decisão mais dura da minha vida. A menos que você preencha perdas emocionais comendo, a mágoa é uma dieta muito eficiente. O divórcio é uma pequena morte, a morte de um sonho, de uma proposta de vida a dois. Você sabe que o fim do casamento irá magoar as pessoas que você mais ama no mundo, seus filhos, que não merecem ter sua inocência violada dessa forma. Mas a alternativa, continuar numa relação falida "para preservar as crianças", seria ainda mais desastrosa. Estaria traindo a mim mesmo e, principalmente, a meus filhos, que não teriam um pai mas um fantoche, movido pela culpa. O que fiz foi estar presente da melhor forma que pude, interagindo com eles com honestidade e amor. Eventualmente cresceram e, tendo suas próprias experiências e relações amorosas, aprenderam a aceitar sua história. Um dia, com muito carinho e compreensão, o perdão acaba por vir.

Dei sorte. Encontrei uma companheira, casei de novo, tive mais dois meninos e continuei traçando o meu caminho. Difícil imaginar uma relação melhor. Após vinte anos, continua crescendo. Kari me deu muitas coisas que redefiniram minha vida, espirituais e materiais. Dentre elas, e a que importa mais no momento, foi um presente de aniversário, a matrícula para um curso de pesca fly.*

Numa tarde ensolarada de primavera, estávamos cruzando a praça central do campus de Dartmouth, quando notei um grupo de oito pessoas brandindo longas varas de pesca no ar como se batalhassem quixotescamente contra gigantes invisíveis. Trabalhava nessa universidade havia alguns anos como professor titular, detentor da cátedra de filosofia natural, uma posição que permite ensinar e refletir livremente sobre os mecanismos e sutilezas do mundo natural. O que alguns chamam de trabalho eu considero um privilégio.

Não conseguia tirar os olhos das varas de pesca dançando no ar. Neurônios há muito adormecidos acordaram, evocando memórias que acreditava perdidas. Em meio aos oito aprendizes, vi um homem diminuto usando um chapéu de beisebol vermelho, gesticulando afoitamente, posicionando corpos e mãos, repetindo ordens e instruções. Visivelmente frustrado, mas sempre sorrindo, o homem arrancava a vara da mão de um e de outro para demonstrar como se lança a linha corretamente. "Duas batidas, gente, só duas: primeiro, lancem a vara para trás, e a linha vai para trás; depois, lancem a vara para a frente, e a linha vai para a frente! Entenderam? Comecem com a vara ligeiramente à sua frente, vinte graus com relação à vertical. Terminem o movimento com a vara apontando vinte graus para trás. Mantenham um ângulo pequeno. Quando a linha esticar atrás de vocês, lancem a vara para a frente. Pulso firme!" Rick Hamel é sem dúvida um mestre da arte, se bem que poucos o chamariam de mestre Zen.

Mesmerizado, fiquei admirando a linha verde-limão cortar o ar como um cometa, voando 20 metros antes de cair no chão. Imaginei um maestro empunhando sua batuta às margens de um rio de águas cristalinas,

---

* Uso a expressão "pesca fly" como tradução do inglês "fly fishing", a prática de pesca que usa iscas artificiais feitas de penas de aves e vários outros materiais, ainda rara no Brasil. A meu ver, não existe uma tradução adequada e concisa da expressão inglesa. O dicionário Michaelis (15ª edição) lista "fly fishing" como "pesca com moscas verdadeiras ou artificiais", o que está incorreto. Apenas materiais artificiais são usados na construção das iscas. A ideia é imitar os insetos e moluscos que os peixes comem.

preparando a Natureza para um concerto, os picos nevados na distância. Vi causa e efeito, disciplina e emoção, movimento e graça, o homem estendendo seu domínio a um mundo além do seu. Vi o menino, sozinho na praia com sua vara de bambu, pés na areia e olhos no horizonte. Vi minha vida inteira num instante, o tempo ausente, o menino e o mar, o velho e o mar.

"Já sei o que vou te dar no seu aniversário", disse Kari.

E assim foi. Fiz o curso de pesca fly do Rick no outono, comprei o equipamento (bem caro!), e tentei minha sorte um punhado de vezes nos riachos locais, frustrando-me com minha ineptidão. Jurei que encontraria mais tempo para praticar quando a primavera chegasse. Mas como ocorre com frequência na vida, acabei deixando meus planos de lado. O momento certo ainda não havia chegado. Meu trabalho como físico e professor era ciumento, dando-me pouca liberdade.

Ademais, quem não conhece esse tipo de pesca não entende o quanto é difícil para um principiante. Aprender a controlar a linha, lançá-la, ler o movimento das águas, escolher as iscas que imitem corretamente o que os peixes estão comendo, saber andar no rio sem escorregar numa pedra submersa e ser levado pela correnteza forte...

Como com todas as coisas que importam na vida, tudo começa no coração. Se a vara é movida pelas mãos, as mãos são movidas por algo intangível, que podemos chamar de espírito. É verdade que a técnica melhora com a prática, com a disciplina do treino. Mas esse tipo de pesca não é só prática, não é só ir atrás de peixes; é também uma forma de meditação, de transcendência. A meu ver, mais importante do que pegar um peixe é tentar atingir um estado de graça, de união com o rio, com o peixe, com a Natureza. O mestre da arte da pesca fly é monge e amante, é alguém que sabe celebrar o momento, esquecendo-se do tempo.

Passaram-se dois anos sem muita pesca. Kari insistiu.

"Por que você desistiu de ir ao rio pescar? Deixa de pensar só em trabalho! Vai te fazer bem!"

Desanimei. De janeiro a abril, durante os longos invernos da Nova Inglaterra, os rios e lagos congelam, o que não os torna muito convidativos.

Dentre projetos de pesquisa, viagens a trabalho e cuidar dos filhos, minha conexão com a pesca foi sendo esquecida. Quando a primavera chegava, eram mais viagens, férias das crianças, parentes e amigos que visitavam, livros e ensaios para escrever. Antes que percebesse, o verão tinha passado e o frio estava de volta, a vara e as iscas esquecidas no armário.

Tudo mudou numa manhã de agosto, quando decidi acordar às cinco da madrugada e descer a trilha da minha casa até o majestoso rio Connecticut, que passava bem em frente de onde morava na época. Não sei exatamente por que naquele dia. Alguns processos emocionais têm vida própria, fisgando-nos com uma urgência surpreendente. Havia acabado de terminar um livro novo (no Brasil, *O fim da Terra e do Céu*, publicado em 2001), minha pesquisa estava indo bem e não estava lecionando. Havia espaço em minha vida para outras necessidades emocionais, menos centradas no fazer de sempre. Via o rio todos os dias, suas águas parecendo murmurar sempre o mesmo convite: vem, vem, vem...

Em minutos, estava com água até os joelhos, lançando e recolhendo a linha, minha vara oscilando ritmicamente para a frente e para trás como a batuta do meu maestro imaginário. Será que os peixes ouviam a música? Senti-me parte de uma tradição que nos remete ao início da nossa trajetória como espécie, quando nossos ancestrais inventaram meios de obter alimentos das águas. Dentre os movimentos da linha e as associações históricas, ouvia as instruções de Rick: "Duas batidas, gente, só duas: vara para trás, a linha vai para trás; vara para a frente, a linha vai para a frente! Entenderam?"

Precisava aumentar o meu foco.

Havia feito frio à noite. Uma neblina tênue abraçava as águas, como um amante que não queria partir. No leste, uma lâmina prateada cortava o céu, anunciando a chegada do dia.

Olhei em torno. A água cristalina passava apressada pelos meus pés. Na distância, os contornos do monte Ascutney emergiam, tingidos de rosa pela aurora. O mundo renascia, banhado na pureza da primeira luz. Senti um calafrio, meus neurônios cintilando, como pequenas lâmpadas numa árvore de Natal. Por que demorei tanto?

Sentado na beira do rio, o menino olhou para mim. Tinha voltado! "Está na hora", disse, sorrindo. "Vamos."

Senti-me possuído por um senso de inevitabilidade, controlado por poderes além da minha compreensão. Meu batismo ia começar. O menino entrou no rio e caminhou em direção ao fundo, gesticulando para que o seguisse. "Não tenha medo", disse. "Também senti sua falta." Sorrindo, olhei para meu eu criança, refletido na água. Por que tanta pressa, tempo?

Submergi minha cabeça três vezes. O menino disse algo que não compreendi e partiu, sem que eu visse para onde. As portas do monastério haviam sido abertas.

O rio, os peixes, o silêncio me abraçaram. Sozinho em meio às águas, nada mais importava. As tensões do mundo foram se dissipando, feito a névoa da madrugada. Uma sensação primordial de contentamento inflou meu peito, fazendo meu coração flutuar como um balão.

Preparei minha vara peso 6 de 2,80 metros de comprimento, a carretilha carregada com uma linha flutuante verde. A linha flutuante, por sua vez, continuava numa linha líder de náilon de espessura 2.* Gosto de usar iscas artificiais relativamente grandes no rio Connecticut, já que os peixes, quando me agraciam com uma rara visita, são de bom porte. Como a temperatura da água estava alta demais para trutas, fui atrás de percas (do inglês "bass"), também excelentes lutadoras. A isca que costuma funcionar é uma imitação de peixe, pintada de amarelo com listras vermelhas laterais e algumas penas na cauda. Digo "costuma funcionar" porque nunca se sabe se vai dar certo ou não no dia em que você estiver

---

* Várias definições técnicas aqui. A pesca fly é feita com duas linhas; uma longa e grossa, que chamo de linha flutuante (do inglês "floating line"), e outra de náilon, ligada a ela, chamada de líder. A isca fica na ponta da líder. É a linha flutuante que propulsiona a líder e a isca durante o lançamento. A linha flutuante mais comum flutua, como já diz o nome. Mas podemos, também, usar linhas que afundam parcial ou totalmente, dependendo da correnteza do rio e da profundidade onde estão os peixes. A líder é uma linha curta de náilon que vai afinando até uma determinada espessura na sua extremidade, onde fixamos as iscas artificiais. A espessura da líder (espessura 2 ou 2X, no meu caso aqui) denota sua tensão máxima. O peso 6 da vara denota sua rigidez. Pesos variam de 1 (vara bem fina e frágil, para peixes de riacho) até 12 ou mais (vara para pesca de peixes de oceano, como atum, tubarão, ou peixe-espada).

no rio com a vara na mão. Como sabe todo pescador que tenta repetir seu sucesso, na pesca não existem leis. O que funciona um dia pode não funcionar no outro; o que funciona uma hora pode não funcionar na próxima. A isca que usei é feita de um plástico bem leve e tende a flutuar na água, dando pequenos pulos quando recolhemos a linha. Os peixes são atraídos pelo movimento e atacam a isca agressivamente, muitas vezes pulando fora d'água para abocanhá-la ainda no ar.

Gosto de comparar esse elemento-surpresa que encontramos na pesca com a pesquisa científica. As leis naturais descrevem o comportamento dos fenômenos que somos capazes de observar. Porém, sabemos que nossas leis têm limites, e que o que observamos da Natureza tem limites. A emoção da pesquisa científica está justamente em ultrapassar esses limites, descobrindo o inesperado que se oculta sob o manto do conhecido. Queremos o novo, o surpreendente. Que novas estruturas materiais podem existir no Universo? Até que ponto podemos entender a natureza da realidade? Que peixes fabulosos escondem-se atrás daquela pedra? Na pesca e na pesquisa, nossa curiosidade é limitada pela nossa miopia: queremos ver mais do que podemos, como dizia o francês Bernard le Bovier de Fontenelle.

O rio Connecticut oferece condições que com frequência tornam-se bem dramáticas no meu santuário. A represa Wilder, situada a alguns quilômetros rio acima, tende a manter a água relativamente rasa, com poços isolados, perto de grandes pedras parcialmente submersas. A correnteza é forte em alguns pontos e, quando a represa abre suas portas, o nível da água pode subir rapidamente. Passei alguns momentos de pânico com a minha família quando nadávamos e fazíamos um piquenique à beira do rio. Sem qualquer aviso, a água começava a subir e tínhamos que escapar rapidamente, caminhando sobre pedras escorregadias com água até os joelhos, segurando duas crianças aos berros nos braços. O Connecticut me ensinou a nunca subestimar um rio.

Posso apenas imaginar como esse rio era magnífico no início do século XIX, antes de represas e moinhos industriais, na época a maior fonte de riqueza da região. O salmão era tão abundante que enchia as águas de margem a margem quando migrava rio acima para a desova. Li uma vez que chegavam a centenas de milhares. Agora, nenhum salmão, ao menos nesse rio. Teria que ser um saltador olímpico para sobrepujar as barreiras das represas. O jeito era tentar fisgar uma boa perca, de qualquer forma sempre divertida. Afinal, não era pegar peixe que me trazia ao rio.

Uma águia-de-cabeça-branca passou rasante sobre o rio, em silêncio perfeito. De alguma forma, conhece a lei de Boyle, que relaciona a pressão e o volume dos gases. Seu voo é prova disso, quando usa uma bolha de ar quente para ganhar altura praticamente sem esforço. Ver aquela águia subir aos céus com graça infinita me fez lembrar que existem várias formas de saber; e que outras criaturas têm muito a nos ensinar.

O conhecimento da Natureza não precisa ser científico, ou mesmo humano. Captamos e compreendemos tão pouco do que existe... Um cientista arrogante, que acha que sabe tanto, é feito um pavão com plumas faltando e sem um espelho para se enxergar. Aliás, o mesmo pode ser dito sobre todos os tipos de arrogância, não só a dos cientistas. Cada vez que uma pessoa arrogante fere alguém, sua essência fica um pouco mais corrompida, sua visão, mais cega. Como dizia meu avô, "usar um chapéu maior do que sua cabeça cobre os olhos".

Falando em limitações, quando menos esperava, fisgo uma perca. Ou melhor, o peixe se fisga sozinho, saltando espetacularmente para abocanhar a isca antes de ela bater na água. Tão espetacular a acrobacia que fiquei olhando boquiaberto, esquecendo do que estava fazendo com a vara na mão. Deixei a linha muito solta e o bravo predador sacudiu a cabeça para lá e para cá até se safar do anzol.

Nas próximas horas, mais focado, lancei e relancei a linha sem sucesso. Boa prática, pelo menos. O sol estava alto, coroando uma manhã radiante. Que lugar paradisíaco esse. Mais uma vez, me perguntei por que havia demorado tanto para descer até o rio.

Perguntei a mim mesmo, mas sabia bem a resposta. A vida me levou para longe do rio. Primeiro, o trabalho, sempre intenso. Não sabia abrir espaço na minha agenda para simplesmente existir. Eram artigos para escrever, livros, reuniões, estudantes precisando de atenção. Depois, claro, minha família. Na vida, ter um tempo mais contemplativo, um tempo só seu, não deveria ser uma escolha; mas com a pressão do imediato, do que se relaciona com o seu eu externo, acaba sendo. Sei que não é fácil dividir o tempo que temos de forma eficiente. A solução, aprendi, é mais fácil do que parece: eficiência — produzir mais em menos tempo; e contentamento — aprender a apreciar o que conquistamos. Caso contrário, nossa vida fica dominada pelo querer-sempre-mais, numa corrida sem fim.

Agora percebo que só me dei tempo para praticar a pesca fly quando aprendi a querer menos, a ter menos pressa na vida. Diversificar atividades é um tônico para a criatividade, uma servindo de inspiração para a outra. Senão, tudo acaba tornando-se monótono, a mesmice sendo inimiga da perfeição.

Porém, em meio à rotina do dia a dia, é difícil afirmar que "já fiz o suficiente, que preciso diversificar minhas atividades, que é hora de tomar conta de mim, de presentear-me com um pouco do meu tempo". Como sabemos por tantas resoluções de Ano-Novo que esvanecem após um mês ou dois, mais difícil do que falar é agir. Mas não é impossível. Quando decidi dedicar um pouco do meu tempo ao rio, o rio me surpreendeu, devolvendo-me um pouco de mim em retorno. Aprendi que o rio pode fazer isso, dar quando recebe.

Fisguei e perdi outra perca. Mais uma vez, a razão foi a linha bamba. Nada de muito surpreendente; isso acontece quando não praticamos por quase um ano. Somos punidos pelas nossas escolhas. A técnica de lançamento sofre, o manejo da linha sofre. O peixe se aproveita dos nossos erros e escapa, feliz em readquirir o controle da sua vida.

Apesar da frustração, a emoção estava de volta. Se a pesca fly fosse fácil, não teria a mística que tem; não seria uma atividade que serve de metáfora para a vida.

Decidi melhorar. Como um cientista, um pescador precisa de mentores. No caso da pesca fly, mais ainda. Se você quer ser um pesquisador científico, precisa de um orientador de doutorado. Excluindo raras exceções, o sucesso é produto do ensino individualizado, do contato pessoal com um mestre no assunto. Havia concluído o curso do Rick e precisava avançar. Aquela primeira entrada no monastério levou-me apenas até a antessala.

Quando cheguei lá, não havia monges à minha espera, convidando-me a tomar o próximo passo, dizendo-me qual a direção certa. Não sabia exatamente o que fazer, mas sabia que precisava de um mentor. Quando a dúvida vinha e era dominado pela tentação de deixar para lá essa coisa de pesca, me aparecia a imagem do menino, impaciente na praia à minha espera. "Anda logo, Marcelo! Já esperei o suficiente. Está na hora de acordar de vez!"

Se você entra no monastério de coração aberto, não sai a mesma pessoa.

Estava trabalhando no meu escritório um dia, pensando em como achar um mentor e que tipo de experiências queria com a pesca fly, quando chega uma mensagem de meu colega Mark Hindmarsh, professor na Universidade de Sussex, na Inglaterra.

"Marcelo, estamos organizando um workshop sobre teoria clássica de campos em Durham e adoraríamos se você pudesse vir. O grupo é relativamente pequeno, apenas cientistas do Reino Unido. Você será nosso único estrangeiro."

Durham, pensei. Bem perto do Distrito dos Lagos (do inglês "Lake District"). Lagos + rios = trutas! Respondi imediatamente: "Pode contar comigo!"

Assim nasceu a ideia deste livro. Como cientista, tenho o privilégio de viajar pelo mundo, participando de conferências de todos os tipos, incluindo tópicos que vão da origem do Universo à origem da vida, do significado filosófico das leis da Natureza à relação entre ciência e religião. E se combinasse as duas coisas, tentando também pescar nos locais de algumas conferências, compilando minhas experiências numa espécie de diário de viagens e reflexões? Assim, poderia me aprofundar nos temas das conferências, dividindo-os com o público enquanto continuava a traçar minha trajetória como aprendiz da arte da pesca fly em alguns dos locais mais belos e exóticos do planeta. O que não antecipei foi o poder transformador da soma das duas experiências, que irão culminar numa profunda revisão de como vejo o mundo e o futuro do nosso planeta. Este livro conta a história dessa transformação.

Nota ao leitor

É importante ter claro que este não é o diário de um mestre da arte da pesca fly, cheio de sabedoria e contos de pescarias vitoriosas. Pelo contrário, é um diário de um aprendiz tanto da arte da pesca fly quanto da arte de viver. Se você domina esse tipo de pesca, este livro não lhe será muito útil, ao menos como um manual. Se você ainda não a conhece, imagino que aprenderá algumas coisas importantes sobre este nobre e antigo esporte. Meu objetivo aqui é que você veja a arte da pesca fly como uma metáfora que vai muito além da busca por um peixe. Em particular, espero que você aprenda algo sobre o Universo em que vivemos e sobre como a ciência e a reflexão filosófica contribuem para a nossa busca por sentido. Se você não dá a mínima para a pesca, não se preocupe. Continue lendo. Para mim e, portanto, neste livro, a pesca é um portal que nos permite vislumbrar tanto o mundo dos fenômenos naturais quanto o nosso mundo interior, com seus anseios e paixões. Enquanto alguns buscam por significado na meditação, em cerimoniais de chá ou na prática com o arco e flecha, e outros atravessam o país de bicicleta ou pegam onda, eu corro montanhas e vou ao rio com minha vara e esperança. O objetivo é o mesmo: obter uma paz contemplativa que ilumine nossos passos e ações, ampliando o significado das nossas vidas. Como disse uma vez a uma jornalista, o sentido da vida é buscar por sentido na vida. Este livro é sobre a minha busca por sentido, e as coisas que fui aprendendo pelo caminho.

1.

Cumbria, Distrito dos Lagos, Reino Unido

O inesperado só se manifesta quando esperado.

Heráclito

Sobre mistérios insolúveis

A peregrinação havia começado. Busquei por "pesca fly no Distrito dos Lagos" na internet e achei uma profusão de locais a serem explorados, belíssimos rios e lagos com águas cristalinas, cheios de truta e até salmão. Havia feito caminhadas pela região com minha namorada quando era ainda estudante de doutorado na Inglaterra, em meados da década de 1980. Posso ainda invocar imagens de trilhas traçando os contornos de montanhas austeras, passando na beira de penhascos vertiginosos, e a visão de lagos longínquos, joias refletindo a pálida luz do outono inglês. Na época, nada poderia estar mais distante dos meus pensamentos do que a pesca.

O próximo passo era escolher um guia. Tendo apenas poucos dias para resolver tudo, enviei e-mails para três nomes que encontrei, todos no

Distrito dos Lagos. Acabei escolhendo o terceiro da lista, Jeremy Lucas. Por que a escolha? Para começar, Jeremy prometeu que me levaria ao famoso rio Éden. Não poderia deixar passar a oportunidade de pescar num rio que merece esse nome.

A escolha não poderia ter sido mais propícia. Jeremy era exatamente o guia-mentor que precisava. Era membro do time inglês de pesca fly e tinha acabado de ganhar a medalha de prata no campeonato mundial. Mal pude acreditar; eu, mero aprendiz, aluno de um dos grandes mestres da arte. Senti-me inseguro, certo de que iria me envergonhar. Sabia que minha técnica de lançamento deixava muito a desejar. O manejo da linha, mais ainda. Como consolo, repetia as palavras do Buda, "todos os começos são obscuros".

Felizmente, ser professor ajuda a ser aluno. Lembrei-me de que tinha alunos de todos os níveis, de principiantes a avançados. Um bom professor precisa ser paciente com seus alunos, especialmente os principiantes. Não só ser paciente como ser compreensivo, visto que o caminho do aprendizado é longo. Como professor, sabia que *para aprender temos que querer aprender*. O melhor professor do mundo é incapaz de ensinar o aluno que não quer aprender. E eu queria aprender, disso tinha certeza. Esse apetite pelo aprendizado já é metade do caminho. O resto vem da disciplina e da dedicação.

Às vezes, coisas acontecem como se soubessem que tinham que acontecer. Alguns chamam isso de coincidência, outros, de ações divinas, ou de manifestações de karma (ruim ou bom). Sendo agnóstico (mais sobre isso em breve), prefiro optar por coincidências, pois considero explicações sobrenaturais como sendo bem mais exóticas e improváveis.

Estritamente falando, sob a ótica da ciência, a noção de "influência sobrenatural" não faz sentido. Afinal, uma influência só influencia quando é sentida, ou seja, quando é uma ocorrência física, um evento que é observável de alguma forma (visto, ouvido, medido...). Ora, para que esta ocorrência seja observada, ela precisa trocar energia com o que (ou com quem) a observa. Qualquer troca de energia, ou manifestação física mensurável, é perfeitamente natural, requerendo uma causa perfeitamente natural. Ou seja, assim que o sobrenatural se manifesta fisicamente a ponto de ser notado ou detectado de alguma forma, não pode mais ser considerado sobrenatural. Uma "influência sobrenatural" é um oximoro. Se alguém "vê" um fantasma, esse fantasma é tão real quanto uma árvore ou uma estrela. A coexistência do sobrenatural com o natural é logicamente incompatível, o que chamo de Problema da Ligação.

Por outro lado, assim como tantos outros, tive algumas experiências na minha vida que parecem desafiar a lógica. Pelo menos, qualquer tipo de explicação lógica que tenha me ocorrido. Mesmo que talvez isso choque os que acreditam na habilidade da razão para explicar tudo, considero que algumas coisas são inexplicáveis, ao menos através de uma metodologia lógica e científica. Diria até mais: o inexplicável — que deve ser diferenciado daquilo que ainda não foi explicado, o domínio da razão e da ciência — é inevitável, e deve ser considerado parte essencial da teoria do conhecimento, de como entendemos o mundo.

Vivemos cercados de mistério, pelo que não entendemos e, mais dramaticamente, pelo que não podemos entender. Daí minha metáfora da Ilha do Conhecimento, que elaborei em livro homônimo e repito brevemente aqui:* considere que o conhecimento que acumulamos através dos séculos forme uma ilha. À medida que aprendemos mais sobre o mundo, a ilha cresce. Como toda boa ilha, essa também é cercada por um oceano, no caso, o oceano do desconhecido. Entretanto — e aqui vem a surpresa —, quando a ilha cresce, cresce também o perímetro que a separa do desconhecido. Com isso, ao aprendermos mais sobre o mundo, acabamos por criar mais ignorância; as novas perguntas que podemos fazer que, antes, não podiam ser antecipadas. Ou seja, *o conhecimento gera novos desconhecimentos.*

Como exemplo, compare a astronomia antes e depois da invenção do telescópio em 1609. Antes, o que sabíamos dos céus se limitava ao que podia ser visto a olho nu. Com o novo instrumento, um novo céu surgiu,

---

* *A ilha do conhecimento: os limites da ciência e a busca por sentido.* Rio de Janeiro: Record, 2014.

e a nossa percepção do cosmo mudou. (O céu, claro, é o que é, não o que vemos dele.) E esse "novo" céu inspirou uma série de novas perguntas, de novos desconhecimentos. Novos telescópios, mais poderosos, permitiram que mais do céu fosse visto e, com isso, que novas perguntas fossem feitas. A menos que paremos de nos questionar sobre a Natureza, essa busca não tem fim. Para complicar, espalhadas no oceano do desconhecido existem regiões verdadeiramente estranhas, as regiões do incognoscível, onde moram perguntas que a ciência (ao menos tal como a conhecemos hoje) não pode responder. Teremos mais o que falar sobre essas regiões em breve.

Mesmo que poderosos, nossos cérebros e os instrumentos que usamos na exploração da Natureza são limitados. Todo instrumento de medição tem um alcance e precisão finitos. Os telescópios só podem "ver" (resolver objetos) até certa distância — coletando luz proveniente dessas fontes. O que existe além desse alcance, mesmo que perfeitamente real, permanece invisível. O mesmo ocorre com microscópios. Criaturas ou objetos muito pequenos escapam à detecção, mesmo que sejam perfeitamente reais. Continuando em direção a distâncias subatômicas, as menores entidades materiais que podemos detectar, as partículas elementares, aquelas que "vemos" e que concluímos são parte da realidade física, dependem das máquinas que construímos para detectá-las. Essas máquinas, aceleradores de partículas como o Grande Colisor de Hádrons (LHC) — que opera no CERN, o Centro Europeu de Pesquisa Nuclear, situado na Suíça —, definem o limite do mundo do muito pequeno, ao menos a fração dele que está ao nosso alcance. O que existe além desse alcance permanece invisível aos nossos olhos, até que uma máquina mais poderosa possa estudar distâncias ainda menores. Claramente, esse processo não pode continuar indefinidamente, devido a limitações tecnológicas e econômicas (essas máquinas são caras). Não existe uma medida perfeitamente precisa, de alcance ilimitado. Uma fração da realidade estará sempre além do que podemos ver, do que podemos captar. Daí o mistério que nos cerca, situado além do conhecido.

Devemos, portanto, concluir que esse corpo de conhecimento chamado ciência — sempre em crescimento — não pode explicar tudo o que existe por uma simples razão: nunca saberemos tudo o que existe para ser explicado! Afinal, como poderíamos saber todas as perguntas que devemos fazer? Supor que é possível saber tudo oferece apenas uma medida da arrogância do ser humano. E contraria tudo o que sabemos sobre como a ciência gera conhecimento.

Alguns consideram meus argumentos que expõem os limites da ciência como sendo derrotistas, como se estivesse pondo lenha no fogo do "inimigo". Obviamente, não é esse o caso. Explorar os limites da ciência não é o mesmo que considerá-la fraca, expondo-a a críticas de grupos anticiência como, por exemplo, evangélicos que interpretam a Bíblia literalmente. Pelo contrário, esses argumentos liberam a ciência de uma responsabilidade que não deveria ter, de ser a resposta para tudo, de saber tudo, como se fosse mais do que uma criação humana, assumindo proporções de um saber divino. Expor os limites da ciência também oferece proteção contra afirmações feitas por certos cientistas que, em manifestações públicas ou na mídia, exageram o que de fato sabemos sobre certas questões. Como exemplos, cito os físicos Stephen Hawking e Lawrence Krauss, que afirmam erroneamente que sabemos como explicar o Big Bang — o evento que deu origem ao Universo — ou outros que supõem tacitamente que a vida inteligente é abundante no Universo, algo que parece extremamente improvável dado o conhecimento atual. Cientistas de renome deveriam ter um cuidado especial com o que falam, dado que seus pronunciamentos têm um peso importante na esfera social e na percepção da ciência em geral.

Além disso, e esse é um ponto essencial aqui, devemos nos perguntar de onde vem a ideia de que é vantajoso saber tudo. Imagine que tristeza se, um dia, completássemos o conhecimento. Sem novas perguntas a fazer, nossa criatividade murcharia, nosso espírito se apagaria como uma vela. Para mim, essa possibilidade é muito mais trágica do que abraçar a dúvida como parceira essencial de uma mente curiosa. A ciência é o instrumento mais eficiente para explorarmos todas as facetas do mundo natural. Por isso mesmo, devemos sempre nos lembrar de que é uma invenção humana e que, assim como nós, tem seus limites. Qualquer sistema de conhecimento pode e deve falhar. Essa falha é necessária para o avanço do conhecimento, para que a Ilha cresça. A falha alimenta a mudança, a transformação. Ademais, por que querer que a razão invada todos os cantos da nossa existência? Alguns mistérios podem ser resolvidos pela razão, outros, não. Melhor assim.

Espaços abertos de beleza imortal

Estava tudo acertado. Jeremy, meu guia de pesca fly, me pegaria no sábado de manhã no Collingwood College, onde os participantes da conferência estavam alojados. Mal podia esperar. Mas antes tinha a conferência, a razão oficial da minha ida até Durham. Teoria clássica de campos... três palavras familiares quando separadas, mas que soam um tanto exóticas quando postas juntas. O adjetivo "clássico" é designado em geral a obras de grande distinção — na música clássica, nos clássicos da literatura mundial, nas artes da Grécia e Roma Antigas. Mais do que obras de distinção, aquelas que consideramos imortais. Uma obra, mesmo sendo bem antiga, é designada como clássica quando permanece relevante até hoje, e continuará a sê-lo quando não estivermos mais aqui: clássico é o oposto de efêmero. Beethoven, Mahler, os Beatles, Shakespeare, Tolstoi, Machado de Assis serão celebrados por muito tempo. Quais livros publicados hoje serão lidos (ou o equivalente futuro de ler) em duzentos anos? Imagino que cada um tenha a sua lista de candidatos.

"Campo", por outro lado, costuma ser usado para representar espaços abertos, cultiváveis ou não, ou que servem de local para um jogo, como um campo de futebol. Em português, campo também significa uma zona rural, longe da cidade.

Juntando as palavras, um físico que se dedica ao estudo de "teorias clássicas de campo" aparentemente constrói teorias sobre espaços abertos de beleza imortal. Muito lírico, mas não é bem isso. Esses físicos, mesmo os que também são poetas, e os que veem a Natureza como um poema escrito sem palavras, tendem a se expressar de outras formas. Na física clássica — para distinguir da física quântica, a que estuda o mundo dos átomos e das partículas subatômicas —, um "campo" é uma espécie de extensão espacial de uma fonte de alguma coisa. Por exemplo, nosso corpo cria um campo de temperatura à sua volta, cuja intensidade cai rapidamente com a distância: se medirmos a temperatura em pontos do espaço localizados a distâncias diversas do corpo, iremos obter temperaturas diferentes. Se medirmos a temperatura em todos os pontos do espaço em torno do campo (na prática, até uma distância razoável, digamos 5 metros), teremos o campo de temperatura desse corpo. Se o corpo se move, o seu campo de temperatura associado também se move, criando um campo cuja intensidade varia no tempo.

Outro campo familiar é aquele criado por qualquer concentração de massa, o campo gravitacional. Corpos com massa atraem outros corpos com massa. Sabemos que uma pedra suspensa no ar cairá ao ser largada. Na realidade, a pedra e a Terra se atraem com intensidade igual e sentido oposto (a Terra atrai a pedra para baixo, a pedra atrai a Terra para cima), mas a Terra, com massa muito maior, "ganha" e vemos a pedra cair e não a Terra subir. (A massa é uma medida da inércia de um corpo, a resistência que oferece a uma mudança no seu estado de movimento. Quanto maior a massa do corpo, maior sua inércia e mais difícil é movê-lo.)

Podemos visualizar o campo gravitacional em torno da pedra e da Terra, estendendo sua atração pelo espaço aberto, como alguém usando um perfume. O conceito de campo alivia a misteriosa ideia de Newton de "ação à distância", que objetos podem atrair ou repelir outros sem que haja um contato direto entre eles. Sabemos que para fazer uma bola rolar na grama temos que chutá-la ou empurrá-la de alguma forma. Mas o Sol causa a órbita anual da Terra à sua volta sem tocá-la, como se tivesse braços invisíveis. Com o conceito de campo, podemos visualizar uma presença meio fantasmagórica no espaço causando a órbita anual da Terra. Veremos que com Einstein o conceito é ainda mais refinado.

Em geral, campos intensificam perto de suas fontes, enfraquecendo com a distância. Um campo cuja intensidade aumenta com a distância provavelmente viola alguma lei natural.* Como Isaac Newton mostrou em 1686, a atração gravitacional criada por qualquer corpo com massa decresce com o quadrado da distância. Esse resultado, preciso e testável, causou sensação na Europa, inspirando não só todo um novo modo de se fazer ciência, como uma nova visão de mundo: o cosmo tornou-se matemático, regido por leis mecânicas. Da mesma forma, o conceito de campo, conforme criado no século XIX por Michael Faraday e James Clerk Maxwell, também afetou profundamente nossa visão da realidade, o que filósofos chamam de ontologia. Se, com Newton, a realidade era representada por partículas em movimento no espaço vazio sob a ação de forças, após Faraday e Maxwell temos partículas reagindo à presença de campos espalhados pelo espaço. Em vez de um palco vazio, como na física newtoniana, o espaço torna-se uma entidade ativa, preenchida por campos diversos. A ontologia de átomos e do vazio, que Newton adotou dos filósofos pré-socráticos Leucipo e Demócrito, é substituída pela ontologia de campos preenchendo o espaço.

Estamos literalmente cercados por campos: o campo gravitacional criado pela Terra, pelo Sol e pela Lua, e por todos os objetos com massa, perto ou longe, de seu livro à geladeira na cozinha e à galáxia Andrômeda; os campos eletromagnéticos criados por diversas fontes, da luz visível do Sol e das lâmpadas às inúmeras ondas de rádio geradas pelas emissoras AM e FM operando na sua região, à radiação infravermelha emanando de seu corpo, às ondas de rádio de alta frequência dos telefones celulares... A lista é bem longa.

Para os físicos que trabalham na minha área e estudam a estrutura da matéria e as propriedades do Universo, *tudo* o que existe é alguma espécie

---

* Existem exceções. Por exemplo, na física de partículas, prótons e nêutrons (e outras partículas) são compostas por três partículas menores, chamadas quarks. Os quarks interagem entre si por intermédio de partículas conhecidas como "glúons". Esses glúons, como todas as partículas, têm um campo associado, o "campo gluônico". Ao tentarmos separar os quarks, aumentando sua distância, o campo gluônico reage como uma espécie de fita elástica: quanto mais longe os quarks, maior a tensão no campo gluônico. Essa tensão equivale a um campo cuja intensidade cresce com a distância. De fato, é impossível separar um par de quarks, tornando-os livres.

de campo: ou campos criados por partículas de matéria (elétrons, quarks, o bóson de Higgs...), ou campos criados pelas partículas que transmitem as forças entre as partículas de matéria (fótons, grávitons, glúons...), os campos de força. Campos de matéria compõem essencialmente toda a matéria dos nossos corpos e das coisas à nossa volta: pedras, ar, água, iPods, estrelas. Considere um átomo e seus componentes, os elétrons, prótons e nêutrons. Cada uma dessas partículas tem o seu campo, que define sua identidade: o elétron tem o seu campo, e o próton, o dele. Podemos visualizar uma partícula como uma excitação do campo, uma espécie de nó de energia que viaja pelo espaço, interagindo com outros nós de energia (outras partículas). Uma imagem sugestiva é a de pequenas ondas sobre a superfície de um lago, que podem ou não colidir entre si. A diferença é que ondas de água tendem a se dispersar após colidirem com outras ondas e obstáculos, enquanto as partículas mantêm sua forma original.*

Campos de força, por sua vez, descrevem como as partículas de matéria interagem entre si. Imagine duas pessoas conversando: elas interagem através de palavras, seu "campo de comunicação". Esse campo estabelece uma conexão verbal entre elas. De acordo com a física de partículas atual, os quatro tipos de campos de força conhecidos são como campos de comunicação entre os campos de matéria. Explorando um pouco mais essa analogia, da mesma forma que pessoas podem falar línguas diversas, partículas interagem através de campos diferentes. Um elétron, por exemplo, tem uma massa minúscula e uma carga elétrica negativa. Portanto, atrai outros elétrons e partículas gravitacionalmente (bem fraca essa atração, devido à sua pequena massa) e repele eletricamente partículas negativas, enquanto atrai as positivas. Os dois campos, gravitacional e

---

* Como veremos em breve, existem exceções nos dois casos. Certas ondas de água não se dispersam após colidirem com outras; e certas partículas, ao colidirem, podem se transformar em outras. Algumas partículas se desintegram espontaneamente (ou "decaem") em outras, como uma bomba que explode, lançando estilhaços pelo espaço. Obviamente, a Natureza é bem mais interessante do que nossas classificações restritivas.

elétrico, são necessários na descrição de como elétrons interagem com outras partículas. Na nossa analogia, sabemos que pessoas não usam apenas palavras quando interagem. Existem outros "campos de comunicação", como a expressão facial e o posicionamento do corpo. Para descrever como duas pessoas interagem de forma mais completa, temos que incluir todos os "campos de comunicação" usados.

Um pedaço de matéria feito de átomos — que são eletricamente neutros — atrai gravitacionalmente outros pedaços de matéria feitos de átomos. Como exemplo, considere você e a Terra, dois pedaços de matéria com massas bem diferentes e seu campo gravitacional associado. Se você é um astronauta em Marte, a atração gravitacional da Terra sobre você (e de você sobre a Terra) é bem pequena, dada a distância. Mas quando você se aproxima do nosso planeta, os dois campos gravitacionais interagem com maior intensidade e você sente uma atração mais forte. O campo gravitacional é o mensageiro, dizendo aos dois corpos como devem se atrair.

Campos de força, como o gravitacional e o eletromagnético, representam as diferentes conexões entre os campos de matéria. Seus efeitos se superpõem. Como disse acima, não só a Terra, mas o Sol, a Lua, a galáxia Andrômeda, os anéis de Saturno, todos os objetos ao seu redor, suas crianças na escola ou seus pais no trabalho, seu pior inimigo e seu amor secreto, o criminoso mais horrendo e o ser humano mais iluminado, todos exercem uma atração gravitacional sobre você. E você, sobre eles. Felizmente, a intensidade da atração cai com o quadrado da distância e é sensível à quantidade de matéria (massa); portanto, objetos muito distantes ou com massa pequena exercem uma atração menor, na maioria das vezes desprezível. Ainda bem! Caso contrário, seria bem difícil se movimentar livremente, dado que objetos tenderiam a se aglomerar em grandes massas. Um universo com força gravitacional de maior (ou menor) intensidade seria muito diferente do nosso.

Vale a pena pausar a narrativa por um momento para contemplarmos a beleza dessa representação da Natureza, onde tudo que existe se interconecta numa teia de campos que preenche o espaço. Como escreveu no século XIX o naturalista John Muir em seu livro *Meu primeiro verão na Sierra*, "quando tentamos isolar algo, vemos que está ligado ao resto do Universo". A física descreve os detalhes dessa interconexão universal.

Os físicos que trabalham em teorias de campo descrevem o mundo combinando a matemática com experimentos que medem como as partículas de matéria interagem entre si através de campos de força. A lição é tão simples quanto abrangente: *existem influências — maiores ou menores — entre tudo o que existe*. Existir isoladamente, sem sentir qualquer tipo de influência, é uma abstração.

A realidade é uma teia de influências mutuamente interdependentes, da qual pouco conhecemos.

Podemos agora examinar o uso do adjetivo "clássico", em "teoria clássica de campos". Como no caso da palavra "campo", seu significado é diferente do comum. Clássico deve ser contrastado com "quântico", a física que descreve o mundo do muito pequeno, o mundo dos átomos e das partículas elementares da matéria (e das forças). Como a teoria quântica é uma invenção mais recente, datando do início do século XX, a física que a precede ficou conhecida como física "clássica", com suas origens durante o século XVII em Galileu, Descartes, Newton e outros.

Dado que a ciência é uma descrição do mundo natural em todas as escalas de distância, faz sentido considerarmos teorias clássicas e quânticas como sendo complementares, ainda que suas formulações sejam radicalmente diferentes. Da mesma forma que o centavo é a menor unidade monetária, a palavra "quantum" designa as menores unidades de matéria e de energia. Toda transação financeira, pequena ou grande, é feita em múltiplos inteiros de um centavo. Por sua vez, o elétron é o quantum do campo eletrônico; o fóton é o quantum do campo eletromagnético, que contém várias formas de radiação familiares, como a luz visível, a radiação infravermelha e os raios X. Para um físico, "partículas elementares de matéria" são as menores unidades de matéria, aquelas que não podem ser quebradas em pedaços menores.* O ponto essencial é que campos clássicos emergem de campos quânticos quando o número de partículas é muito grande. Talvez uma analogia seja útil. Uma praia, quando vista de longe, parece ser contínua. Apenas quando nos aproximamos é que percebemos que é composta de inúmeros grãos de areia, cada grão sendo uma unidade discreta, um "quantum".**

Essa analogia mostra que a descrição quântica da matéria é apropriada a distâncias pequenas, quando a granularidade da matéria é importante. No dia a dia, temos uma perspectiva clássica da matéria; propriedades quânticas apenas emergem quando utilizamos instrumentos que nos permitem perceber a sua granularidade. Por isso, podemos definir "teoria clássica de campos" como o estudo de campos que contêm muitos quanta; de volta à nossa analogia, a teoria clássica de campos da praia foca no movimento e propriedades das dunas de areia, enquanto a teoria "quântica" se concentra no movimento e propriedades de grãos individuais.

Solidão e sólitons

A conferência em Durham foi sobre certos aglomerados de matéria (e, portanto, de energia, devido à famosa relação $E = mc^2$) compostos de tantas partículas que sua descrição pode ser feita através de teorias clássicas de campo. Na analogia com a praia, tratamos das propriedades das dunas e não dos grãos individuais. Dentre os muitos nomes desses aglomerados,

---

* Devemos, no entanto, ter cuidado com esse tipo de definição, dado que o que parece ser indivisível hoje pode ser divisível no futuro, com tecnologias mais poderosas. Ou seja, partículas que parecem ser elementares hoje podem ser compostas de partículas ainda menores. O próton é um bom exemplo; descoberto por Ernest Rutherford em 1917, apenas na década de 1960 ficou claro que era composto de quarks. O recém-descoberto bóson de Higgs é um bom candidato para ser uma partícula composta. Com certeza, em cem anos a lista de partículas consideradas elementares será diferente da que temos hoje.
** As aspas servem para lembrar que grãos de areia não são propriamente *quanta*. Pelo contrário, cada grão de areia contém mais de um trilhão de bilhão de átomos de silício e oxigênio! O que importa aqui é o contraste entre a praia vista de longe (contínua — "clássica") e de perto (granular — "quântica").

o mais comum é "sóliton". Adoro essa palavra: sóliton. Ela é usada para denotar um fenômeno extremamente estranho, um aglomerado de matéria que não se dispersa, mantendo sua forma ao viajar pelo espaço, como se alguma força invisível o controlasse. A palavra evoca solidão, ou solitário, tendo sua origem nas "ondas solitárias" que o jovem engenheiro escocês John Scott Russell descobriu em 1834. Num dia ensolarado de agosto, Russell estava comparando a eficiência de cavalos e motores a vapor para mover uma barca ao longo do canal Union, perto de Edimburgo, quando a corda partiu e "a barca parou de repente — mas não a massa de água que a barca havia posto em movimento ao longo do canal. Inicialmente junto à proa da barca, a massa agitada subitamente partiu em alta velocidade, tomando a forma de uma elevação solitária, de perfil arredondado, que continuou seu percurso ao longo do canal sem mudar de forma ou diminuir de velocidade". Boquiaberto, Russell montou seu cavalo e "segui[u] a [onda], que avançava a 12 ou 13 quilômetros por hora, mantendo suas dimensões de 10 metros de extensão e em torno de 30 ou 40 centímetros de altura", até que, eventualmente, a onda perdeu-se dentre as curvas do canal.

A experiência mudou a vida do jovem engenheiro, que decidiu dedicar-se à pesquisa de ondas solitárias em canais e tanques de água pelo resto de sua carreira. Dentre suas várias descobertas, a mais peculiar mostra que duas ondas solitárias, ao se cruzar, passam uma pela outra sem "qualquer tipo de mudança" na sua forma, como se fossem fantasmas. Isso é bem contraintuitivo. Em geral, ondas vão se dissipando ao avançar, e perdem a forma ao colidirem com outra onda, ou com um obstáculo. Já os sólitons permanecem coesos, impérvios a colisões com outros sólitons ou com pequenos obstáculos pelo caminho. O que mantém sua forma? No caso de ondas solitárias na água, a resposta vem do equilíbrio entre tendências coesivas e de dissipação, que, em alguns casos, dependem também das condições onde a onda se propaga. Mesmo que os detalhes variem para diferentes substâncias e condições, na sua maioria a estabilidade dos sólitons vem de um compromisso entre as duas tendências.

Um taoísta diria que um sóliton ilustra o conceito de Tao, sua integridade resultando do equilíbrio dinâmico entre a dispersão do yin e a coesão do yang — as interações atrativas entre seus constituintes. Para um físico, um sóliton é um aglomerado de partículas que interagem de tal forma a se comportar como uma entidade única: uma espécie de macropartícula, o coletivo comportando-se como sendo uma unidade. E, para um físico taoísta, sólitons expressam a união do permanente com o transitório, do ser com o devir.

Como em próton e elétron, na palavra "sóliton", o sufixo "on" lembra que o objeto se comporta como uma partícula. Uma partícula solitária, semelhante àquela vista por Russell cruzando as águas do canal. (Mas sólitons podem ter tamanhos variados, de macroscópicos a subatômicos.) Penso no velho Santiago, o heroico pescador de *O velho e o mar*, emblema da pequenez do homem perante a Natureza, que manteve sua dignidade até o fim, mesmo lutando contra forças além de seu controle. A pesca é uma atividade solitária, um ritual do indivíduo com si mesmo. O rio nos espera paciente, enquanto a vida nos transporta para longe das águas. O importante é criar a disponibilidade emocional para ouvir o seu chamado antes que seja tarde demais.

A pesca é um triângulo entre o pescador, a água e os peixes. Um triângulo onde o tempo é secundário, e o que importa é o momento presente. Através da ação rítmica, do foco intenso, o pescador se desconecta do mundo, vivenciando uma existência atemporal. O objetivo da pesca, ao menos para mim, é atingir a transcendência através da ação, o ser através do devir. Apesar de ser tentador chamar esse objetivo de *Zen e a Arte da Pesca Fly*, esse tipo de conexão tem que ser explorado com cuidado. Melhor vivenciar as coisas como elas são, sem se preocupar muito com nomes e alusões.

As coisas que mais gosto de fazer — física, pesca fly, tocar violão, escrever, correr trilhas — são atividades solitárias. Não que seja um típico cientista esquizoide, que evita o contato social. Minha busca pela solidão não serve a esse propósito. Não é uma busca pela solidão em si, ou uma tentativa de me isolar de tudo e todos. Busco a Natureza, a sua companhia.

Através da física, tento decifrar seus segredos; através da pesca fly e das minhas corridas em trilhas, tento me engajar com seus ritmos; através da música, tento recriar suas harmonias; e, através dos meus textos, tento recriar minhas experiências, registrando-as de forma mais permanente. Essa devoção multifacetada, essa busca por uma conexão com algo que é muito mais vasto do que posso apreender, só pode ser considerada uma expressão de amor. Einstein a chamava de experiência do mistério, "a emoção cósmica religiosa", que, para ele, era a mais profunda que podemos ter, algo de inefável que sentimos ao contemplar a vastidão da Criação. (Por Criação com "C" maiúsculo represento a totalidade da Natureza.) A meu ver, esta é a forma mais pura de espiritualidade, a profunda emoção que sentimos ao vivenciar nossa conexão com o resto do Universo. Da Natureza viemos, na Natureza existimos, para a Natureza retornamos. Talvez esse possa ser meu epitáfio.

Procurando por padrões na Natureza

Minha apresentação na conferência em Durham transcorreu sem problemas. Meus anfitriões ingleses foram bastante generosos, dando-me uma hora para falar, o dobro das outras apresentações. Como fui o único vindo de longe, devem ter achado que assim ao menos justificava minha viagem. Não sabiam que não estava lá só pela física.

O tópico que escolhi foi "óscilons", um outro tipo de "on", nós de energia bem diferentes dos sólitons que viajam em canais. Encontrei essas configurações no meu computador em 1994, como soluções de equações que descrevem como certos campos evoluem no tempo e no espaço.*

---

* Dois físicos russos, I. L. Bogolubsky e V. L. Makhankov, encontraram soluções semelhantes em 1974, chamando-as de "pulsons". Só tomei ciência de seu trabalho quando fiz uma pesquisa bibliográfica na conclusão de meu artigo. Fiquei um pouco desapontado inicialmente, mas ao menos feliz que outros haviam validado meus resultados. Nos anos seguintes à publicação de meu artigo, estudei as propriedades dos óscilons em detalhe (meu nome pegou e hoje ninguém chama essas soluções de "pulsons"), mostrando em particular como estas configurações aparecem em diversas teorias físicas.

Óscilons têm algo em comum com os sólitons, dado que são, também, aglomerados de matéria localizados em uma pequena região do espaço. (O leitor pode visualizá-los como uma esfera, ao menos aproximadamente.) Porém, o que os diferencia dos sólitons é uma propriedade ainda mais bizarra do que a aparição que Russell perseguiu com seu cavalo ao longo do canal. Ao contrário dos sólitons, que sempre mantêm sua forma ao viajar de um ponto a outro do espaço, óscilons, como seu nome sugere, oscilam. O que é surpreendente no seu caso é que essas oscilações persistem por períodos muito longos, bem mais longos do que parece ser razoável. Movimentos oscilatórios comuns tendem a cessar devido à fricção, a menos que sejam sujeitos a uma força restauradora. Pense numa folha, oscilando ao vento, uma criança num balanço, ou num relógio de pêndulo. Fora isso, aglomerados de matéria tendem a se dispersar ao viajar de um ponto a outro do espaço, perdendo sua forma. Um exemplo familiar é uma onda normal. Com os óscilons nada disso ocorre: suas oscilações persistem por períodos incrivelmente longos, como se mantidas por forças invisíveis, e sua forma é mantida enquanto as oscilações duram.

Eis um modo de visualizar um óscilon: imagine uma pedra atirada num lago. A colisão da pedra com a água causa ondas concêntricas, que vão se espalhando até desaparecer na distância ou atingir um obstáculo, como a margem do lago. Isso é o que ocorre normalmente. Mas se a água desse lago pudesse sustentar um óscilon, a oscilação central continuaria sem a criação de ondas concêntricas. Pareceria uma coisa meio fantasmagórica! Na Natureza, a energia liberada por um distúrbio qualquer (como a colisão da pedra com a água) é dissipada, em geral bem rapidamente. Essa é a função das ondas concêntricas que são observadas após a colisão da pedra com a água: elas transportam a energia do impacto além do ponto de colisão, dissipando-a na distância. Da mesma forma, um relógio com um mecanismo pendular não funcionaria por muito tempo sem corda ou uma pilha para propulsionar suas oscilações. A cena seria um tanto estranha: você joga uma pedra na água e vê a região da colisão oscilar para cima e para baixo sem a criação de ondas concêntricas. A energia fica concentrada na vizinhança da colisão, como se por mágica. Certamente, você ficaria desconfiado. "Qual o truque?"

Infelizmente, óscilons ainda não foram observados em lagos. Mas existem, e não apenas em simulações de computadores. Em 1995, um ano após ter publicado meu primeiro trabalho sobre óscilons, um grupo da Universidade do Texas, em Austin, também publicou um trabalho sobre "óscilons" — coincidentemente, os autores escolheram o mesmo nome, ainda que o fenômeno observado fosse muito diferente. Os óscilons texanos surgem quando um cilindro cheio de pequenas esferas de vidro oscila verticalmente (para cima e para baixo) com uma frequência que pode ser regulada. Os autores notaram que para determinadas frequências de oscilação do cilindro, as esferas de vidro formam padrões regulares que permanecem por um longo tempo. Me parece que esses óscilons, e os muitos outros que foram encontrados desde 1994 em sistemas físicos diversos (reais e simulados), são manifestações do mesmo fenômeno universal, resultado do equilíbrio dinâmico entre a tendência natural de ondas se dispersarem e de forças atrativas que querem manter a matéria em aglomerados, como no caso da gravidade. O truque com os primeiros óscilons que encontrei (nos anos seguintes, meu grupo e outros encontraram óscilons em sistemas mais complicados) é que essa tendência atrativa é eficiente apenas quando as oscilações são grandes (de grande amplitude, numa linguagem mais técnica) e, portanto, difíceis de serem excitadas por mecanismos naturais. (Como num balanço de parquinho, onde sabemos que temos que bombear bastante as pernas para ir alto, isto é, para atingir oscilações de grande amplitude.) Esses óscilons requerem bastante energia e uma propriedade física que chamamos de "não linearidade": um pequeno distúrbio pode causar respostas supreendentemente grandes, feito uma pessoa estressada, que explode aos gritos pelo menor motivo.

Com frequência, vemos os mesmos padrões repetidos na Natureza, em sistemas bem diferentes. Por exemplo, a forma espiral dos furacões, que aparece quando misturamos creme no café, ou em galáxias como a nossa Via Láctea, ou quando a água escoa por um ralo, ou nas conchas de caramujos e de certos crustáceos, como o magnífico náutilo. Ou compare os troncos e galhos de árvores com os rios e seus tributários, ou com as artérias e veias em nossos corpos, ou com os nervos, e mesmo nosso próprio corpo, que do tronco se ramifica em pernas e braços, e depois em dedos. Espirais e ramificações são padrões que se repetem em muitos sistemas, vivos e não vivos, resultados da ação conjunta de dois princípios essenciais na Natureza: a eficiência energética e a otimização funcional. Todo fenômeno natural segue o caminho de menor custo energético. Quem gosta de gastar energia em excesso somos nós. Uma pedra cai em linha reta porque é a menor distância entre dois pontos e, portanto, a trajetória que mais economiza energia. A forma esférica das bolhas de sabão e dos balões minimiza a tensão nas suas superfícies. Flocos de neve têm suas seis pontas devido à estrutura geométrica das moléculas de água. Mas cada floco é único, resultado das condições climáticas vigentes durante sua formação — umidade relativa do ar, temperatura, pressão atmosférica. Ao passar de líquida a cristais de gelo, a água libera sua energia extra da forma mais eficiente possível, otimizando o processo de formação dos cristais que formam flocos de neve, cada qual com sua própria forma, que retrata a história de seu nascimento.

Líderes, liderados e rebeldes

Minha apresentação na Universidade de Durham foi sobre óscilons, resumindo vários resultados que obtive sozinho e com colaboradores através dos anos, enfatizando os mais recentes. Encerrada a sessão matinal, a conferência seguiu com um almoço no Collingwood College, onde estávamos hospedados. Sem dúvida, a terrível gastronomia britânica atinge seu clímax nos refeitórios das universidades... Algumas tradições nunca morrem. Lembro-me bem da náusea que sentia quando almoçava na cafeteria do King's College durante meu doutorado, e tinha que comer um assado de carne acinzentada, acompanhado de couve--de-bruxelas cozida exalando um sufocante perfume sulfuroso. Mesmo após três décadas ainda posso senti-lo. Como vingança, hoje faço um prato delicioso de couve-de-bruxelas assada com tofu grelhado e curry de manga. Não como carne há anos.

Descontando a comida, foi uma ótima experiência passar alguns dias com meus colegas de profissão, discutindo seus trabalhos. Apenas em conferências científicas encontramos um grupo de pessoas dividindo seu conhecimento abertamente, pouco ligando para sua aparência ou para hierarquias baseadas em autoridade. Estudantes de pós-graduação, pós-doutorandos, cientistas, cientistas famosos, todos sentam juntos para discutir modelos e hipóteses, contribuindo com críticas e comentários na tentativa de avançar o conhecimento humano. Fora da conferência, e tirando discussões mais técnicas com um ou dois colegas durante uma caminhada ou num bar, o clima muda e a conversa cai na questão do financiamento para a pesquisa, ou sobre quem está trabalhando onde, ou quem se divorciou ou está tendo um caso com fulana ou fulano, ou sobre a ineptidão dos alunos (quando falam os professores entre si) ou dos professores (quando falam os alunos entre si). Cientistas também gostam de uma boa fofoca.

A descrição acima é um pouco exagerada. Não é bem verdade que não existem hierarquias na ciência, mesmo que, em princípio, seja essa a intenção: o que importa é que a ideia esteja certa, e não a autoridade de quem a está apresentando; um vencedor do Prêmio Nobel não se transforma automaticamente num profeta da verdade, que nunca comete erros. Como em qualquer atividade humana, na ciência também encontramos líderes, liderados e rebeldes. Os líderes são os inovadores que lançam moda, os que aparentam ter todas as ideias boas — ao menos as mais atraentes — e, ainda mais importante, os que sabem como propagandeá-las. Com frequência, a propaganda é mais efetiva do que a ideia. Aqueles que seguem os líderes adicionam detalhes e refinamentos às suas teorias, enriquecendo a pesquisa na área e aumentando o prestígio dos líderes, raramente questionando sua sabedoria. Os rebeldes são os que se recusam a embarcar nesse trem. Buscam por suas próprias áreas de pesquisa, mesmo que isso possa complicar suas vidas profissionais. Seguir seu próprio caminho significa ter que lutar mais para conseguir um emprego, para publicar um artigo, para ter seu trabalho mencionado por outros cientistas e para receber bolsas de pesquisa.

Quando você acredita ter uma ideia original e promissora, é difícil ver os colegas trabalhando em algo completamente diferente e — ao menos para você — inútil ou simplesmente chato. Você sente que sua ideia é importante, que precisa ser apreciada e desenvolvida a qualquer preço, mesmo que seus colegas ou orientador digam que é uma perda de tempo. A única coisa a fazer é ir em frente, de olhos bem abertos. Se as coisas não derem certo, se sua ideia "incrível" não funcionar — e, acredite, isso ocorre com muita frequência —, tudo bem. Ao menos você teve a integridade e coragem intelectual de seguir sua intuição. Um cínico pode dizer que você foi tolo, tentando seguir o arquétipo do gênio solitário, do visionário de ideais revolucionários, do sonhador que acha que é o novo Newton ou Einstein. A fama nunca deve ser a motivação da pesquisa. Um rebelde segue sua intuição com humildade, sem saber se terá ou não sucesso. Um pescador nunca sabe se vai ou não pegar um peixe. Mesmo assim, você trabalha a sua ideia dando tudo o que tem, tentando novas possibilidades e desdobramentos ou, no caso do pescador, retornando ao rio, com esperança renovada a cada vez. Você segue esse caminho porque sabe que não seria você se não o fizesse, porque não quer olhar para trás, no fim da vida, e se arrepender das escolhas que fez quando já é tarde demais para mudar algo. Não existe pesca no Paraíso. E se houver, seria uma pesca muito chata, já que qualquer um pode pegar quantos peixes quiser. Qual a graça nisso?

A simples beleza do inesperado

Após o encerramento da conferência, decidi fazer uma caminhada até Durham. Com seu castelo magnífico e a catedral gótica do século XI incrivelmente bem conservada, ambos cercados pelo rio Weir cortado por pontes de pedra aqui e ali, Durham é uma preciosidade da arquitetura normanda medieval. Miraculosamente, a chuva pesada da manhã cansou de cair e ventos fortes começaram a limpar o céu, revelando borrões de azul por entre as nuvens.

Uma trilha de fácil acesso segue ao longo do rio, dando assim oportunidade para pedestres e ciclistas explorarem os contornos da cidade. Entrei na trilha por um beco ao canto do castelo, sentindo-me um viajante no tempo. Uma árvore gigantesca, provavelmente um plátano, inclinava-se cerimoniosamente sobre o rio, suas folhas acariciando ligeiramente as águas verde-escuras. Senti-me invadido por uma paz profunda, como se tivesse entrado num quadro, onde o tempo não existe. Uma nuvem de efeméridas, esses insetos alados tão elegantes, comida preferida das trutas e símbolos da pesca fly, flutuava incerta sobre as águas, celebrando sua breve existência.* De repente, um salmão surgiu das profundezas, saltando 1 metro fora d'água para abocanhar algumas delas, mergulhando em seguida com grande estardalhaço. O peixe devia pesar uns 3 quilos, talvez mais. Fiquei olhando, boquiaberto, paralisado pela cena.

Se existem sinais, esse foi um deles. Uma mensagem da Natureza. Ao menos, assim interpretei o que aconteceu, que é o que importa. Foi um dos momentos mais significativos da minha vida. Minha cabeça fervilhava de emoção. Meu coração queria saltar do meu peito. Foi como uma revelação, um momento inefável, mágico, intenso. Acabara de vivenciar a simples beleza do inesperado. "Você precisa se aventurar mais pelas florestas e montanhas desse mundo", disse uma voz interna. "Abra os olhos para a mágica da vida." Dessa vez, estava prestando atenção.

O poder do peixe era estarrecedor; sua graça, infinita. O que um salmão fazia por essas bandas, tão perto da cidade? Mais tarde, fui saber que esse era o período de maior atividade dos salmões no norte da Inglaterra. Aparentemente, ocorrências como essa não eram tão anormais. De qualquer forma, o que importa é sua significância para mim, naquele momento: um presente dos deuses!

---

* O nome científico das efeméridas já diz tudo: pertencem à ordem dos efemerópteros, das palavras gregas *ephemeros* = "vida curta" e *pteron* = "asa". Vivem menos de 24 horas.

Seria um agouro, um presságio? Claro que sim! Apenas uma pessoa míope pelo racionalismo excessivo desprezaria um evento como esse, atribuindo-o a uma mera coincidência. Quando um evento tem um significado pessoal forte, deixa de ser uma coincidência. Não estou dizendo que algum poder supernatural ou algum espírito do rio criou essa mensagem só para mim. Isso não só não faz sentido na minha visão de mundo, como seria extremamente narcisista. O salmão pulou, e eu estava no lugar certo na hora certa para observá-lo. Por que tirar a simples beleza do que ocorreu, atribuindo-a a um maestro invisível? O que deve ser venerado aqui não é uma entidade mágica e elusiva, mas a felicidade que a ocorrência me trouxe, o impacto emocional que teve naquele momento da minha vida. Por alguns breves segundos, minha linha de tempo se superpôs à do salmão. É isto que deve ser celebrado: a breve sincronia entre a minha vida e a do salmão, sem a necessidade de se adicionar alguém (ou algo) mais.

O incidente foi transformador. Na manhã seguinte, iria partir para as montanhas de Cumbria com meu guia Jeremy. Energizado, decidi usar as horas restantes para ler meus e-mails, acumulados durante os dias da conferência, telefonar para a família e jantar. Os vinte minutos de caminhada do Collingwood College até a cidade não me detiveram na busca por um restaurante. Tudo menos o refeitório acadêmico.

A noite estava surpreendentemente clara — será que estava mesmo no norte da Inglaterra? A lua, quase cheia, flutuava sobre a catedral como um escudo de prata, parcialmente quebrado após tantas batalhas. Pensei no salmão, se tinha alguma ideia do que seria a lua, se já havia saltado da água tentando abocanhá-la, imaginando-a uma gigantesca mariposa brilhante. Provavelmente, sabia exatamente o que era; não um satélite orbitando a Terra, ligado ao nosso planeta pela gravidade — essa é a *nossa* versão da lua; mas uma fonte de luz noturna, uma espécie de guia, orientando suas excursões migratórias rio acima. Jamais me esquecerei desse salmão.

Crença

Finalmente, chegou o dia. A primeira coisa que fiz quando acordei foi abrir as cortinas. Fazia sol, mesmo se um pouco tímido. Ainda bem, pois não queria passar o único dia que tinha pescando debaixo de chuva. Por outro lado, sabia que o clima ali mudava rapidamente e estava preparado para qualquer coisa. O momento havia chegado, e era isso que importava.

A segunda coisa que fiz foi comer um enorme café da manhã ao estilo inglês, ingerindo gordura e carboidratos suficientes para me manter vivo por alguns dias. Confesso que estava ótimo, mesmo se o bacon e a manteiga violassem minhas entranhas acostumadas a um bom cereal com iogurte e frutas.

Jeremy chegou pontualmente às nove e meia. Seus olhos azuis e pálidos emanavam uma tranquilidade extrema, de alguém que conheceu a dor e encontrou a paz. Isso era bem promissor. Das tantas pessoas que conhecem a dor, poucas encontram a paz.

"Temos em torno de uma hora de viagem até chegarmos ao nosso destino", disse. "Queria levar você ao nosso incrível rio Éden, mas as chuvas de ontem turvaram a água, e a pesca não seria boa."

Fui expulso do Paraíso antes de chegar. A verdade é que pouco me importava aonde íamos. Meu objetivo principal não era pegar peixe. O que queria era a experiência de caminhar em meio a um rio, subir a correnteza com um guia ao meu lado, alguém que me ajudaria a explorar mais uma sala do monastério.

"Não tem problema", respondi. "O que preciso é de instrução, como lançar a linha, como controlá-la, fisgar o peixe sem perdê-lo..."

"Ah, não se preocupe com isso, Marcelo. Instrução você vai ter de sobra!"

"Aonde estamos indo, afinal?"

"Quero levar você a um dos locais mais remotos da Inglaterra, um lago no topo das montanhas Peninas", em inglês, North Pennines, "com elevação de 700 metros. É um lugar belíssimo e cheio de trutas."

Montanhas? Lago remoto? Cheio de trutas? Parecia um sonho.

Subimos as estradas de Northumberland, passando por incontáveis pastos, ilustrações perfeitas da Inglaterra rural: colinas verde-esmeralda rolando suavemente contra o céu acinzentado, cortadas por muros de pedras anciãs. Aqui e ali, ovelhas pretas e brancas pontuavam a paisagem como se fossem peças num tabuleiro de xadrez desenhado por Escher.

Passamos pela pitoresca vila medieval de Middleton-in-Teesdale, flanqueada pelo rio Tee. Olhei para as águas que rolavam rio abaixo, imaginando-me no meio delas, vara de pesca na mão. Jeremy leu meus pensamentos.

"Melhor mesmo irmos até o lago. A água ainda está bem enturvada."

Concordei sem muita convicção, pensando mais na beleza do rio do que na pesca.

"Aliás, Marcelo, do que tratava sua conferência?"

"Era sobre física teórica. Por quê?"

"Que incrível! Sou químico teórico."

"Sério?"

"Sério. Obtive meu doutorado em 1982, trabalhando em teoria de orbitais moleculares em Londres."

"Londres? Eu também! Meu doutorado é pela King's College."

"Que coincidência! O meu também!"

Portanto, meu instrutor de pesca fly era um cientista, e ainda por cima com doutorado pela mesma universidade que eu... Nem se quisesse, eu podia ter inventado essa.

Existem muitos guias de pesca fly no norte da Inglaterra, como descobri quando fiz minha busca pela internet. Mas achar um que não só era um apreciador da Natureza como eu, mas que também optou por estudá-la por meio da ciência e desfrutá-la por meio da pesca, era realmente muita coincidência. No caso dele, entretanto, a ciência ficou para trás, ao menos como profissão.

"Pesco há quarenta anos e nada me traz tanto contentamento. Fora, claro, meus livros."

"Espera aí. Você também escreve?"

"Sim, tanto ficção quanto não ficção. Não vai me dizer que você também?"

"Sim, já escrevi vários, tanto ficção quanto não ficção!"

"Que coisa! Parece que somos mesmo almas gêmeas."

"Sem dúvida", concordei, perplexo. Assim nasceu uma amizade completamente inesperada. Recentemente, recebi seu novo livro, *Tactical Fly Fishing* [*Táticas de pesca fly*], um guia avançado escrito por um mestre consumado, uma espécie de texto de pós-graduação para a pesca fly.

Coincidências como essa, que estabelecem uma relação com alguém que, momentos antes, não era nem parte de nossas vidas, levam muitas pessoas a acreditar em algum tipo de influência supernatural operando no mundo. Nos sentimos especiais quando a vida oferece uma dessas raras chances de crescimento espiritual. Muitas vezes, a gratidão por esses momentos vem misturada com uma ponta de medo, ao constatarmos que tanto do que ocorre em nossas vidas, seja para o bem como para o mal, escapa ao nosso controle: conhecer uma pessoa especial, a doença que chega sem avisar, o amigo de infância que reaparece...

Para estabelecer alguma espécie de ordem, precisamos de algo que contrabalance a sucessão de eventos que ocorrem ao acaso e que determinam tanto da nossa existência. De que outra forma podemos manter nossa sanidade? Para muitos, existe apenas um caminho: a fé num poder controlador, um guia sobrenatural que determina o destino de cada pessoa. Pode ser o Deus judeo-cristão, ou algum outro deus ou deuses, como, também, a astrologia ou alguma outra fonte de influência cósmica, vagamente baseada em conceitos pseudocientíficos. Os que fazem essa escolha acreditam ter resolvido o mistério dessas conexões e ocorrências em suas vidas através da crença, substituindo um mistério por outro. Com isso, perdem a oportunidade de vivenciar a simples beleza do inesperado. A crença em algo além da Natureza que controla nossas vidas tira a emoção da surpresa, a mágica do inesperado, transformando-nos em meros autômatos do destino.

O Deus que joga dados

Seria prematuro concluir que a crença é proveniente apenas dos que têm fé. Cientistas seculares também acreditam, se bem que sua crença é de natureza bem diferente daquela das tradições religiosas.

Como ilustração, vamos voltar ao início do século XX, durante os anos dramáticos que marcaram o nascimento da teoria quântica, quando os maiores físicos do mundo tentavam desesperadamente encontrar algum tipo de ordem em meio ao caos. Na década de 1920, Einstein, Max Planck, Erwin Schrödinger e outros lutaram para encontrar algum tipo de explicação para o aparente acaso que, segundo dezenas de experimentos, parecia caracterizar o mundo atômico. Esses homens acreditavam na visão de mundo da física clássica, estabelecida desde os dias de Galileu e Newton, uma visão da Natureza baseada no determinismo causal, em que processos ocorrem continuamente, respondendo a relações simples de causa e efeito. (Um objeto vai daqui até ali seguindo uma trajetória bem definida entre dois pontos, determinada por forças que atuam sobre ele.) Essa visão de mundo segue uma lógica bem estabelecida, mecânica, que permite a elaboração de teorias precisas, capazes de descrever o movimento dos planetas e dos objetos do nosso dia a dia. O sonho era estender essa visão a todos os fenômenos naturais, tornando-os acessíveis à mente humana, sem segredos inescrutáveis. "Deus é sutil, mas não malicioso", disse Einstein. O mundo dos átomos, entretanto, parecia querer contrariar essa expectativa, rebelando-se contra regras bem-comportadas.

Ironicamente, ao tentarem entender os estranhos resultados dos experimentos sobre os átomos, esses cientistas, junto a outros como Niels Bohr e Werner Heisenberg, acabaram revolucionando nossa visão de mundo, propondo ideias que determinam como vemos a realidade física hoje. Apesar da angústia que sentiram ao serem forçados a confrontar a visão de mundo em que acreditavam, tiveram que aceitar o que a realidade — os experimentos — diziam. Schrödinger chegou a ter uma crise nervosa durante uma visita a Bohr. E Einstein aceitou, mas nunca se convenceu, da verdade da nova visão quântica. Morreu sem resolver a tensão entre sua crença de como deveria ser o mundo e a realidade revelada pela teoria quântica.

A realidade quântica que ajudaram a revelar é profundamente alheia à nossa: elétrons podem pular descontinuamente de uma órbita atômica para outra, comportando-se mais como crianças subindo e descendo escadas do que num escorrega. Segundo a física clássica, a atração elétrica entre os elétrons em órbita e os prótons que residem no núcleo atômico deveria tornar o átomo instável: os átomos não deveriam existir. Os elétrons deveriam simplesmente cair sobre o núcleo, como aviões camicases. O que mantém essas partículas à parte? Para piorar, a matemática da física quântica permite apenas o cálculo da *probabilidade* de uma determinada ocorrência — por exemplo, a probabilidade de que um elétron seja encontrado neste ou naquele local do espaço com essa ou aquela energia. Como o Super-Homem sob a ação da kriptonita, o poder triunfal do determinismo clássico, capaz de prever quando ocorrerá um eclipse milhares de anos no futuro com precisão de segundos, perdia sua força no mundo dos átomos e das partículas elementares da matéria.

A realidade quântica é profundamente distinta daquela vigente no mundo das máquinas a vapor, dos canhões e moinhos, dos carros e aviões, enfim, de todas as máquinas que obedecem a leis mecânicas baseadas no determinismo causal. No mundo do muito pequeno, a realidade desafia o bom senso, misteriosa, indiferente ao que estamos habituados no nosso dia a dia.

Quando Schrödinger entendeu que sua teoria foi usada para criar uma visão de mundo contrária ao que acreditava, viu-se em meio a um pesadelo no estilo Frankenstein, recusando-se a aceitar suas consequências bizarras. Einstein, por sua vez, questionou continuamente a teoria até sua morte, julgando-a incompleta, uma representação temporária de uma realidade apenas parcialmente desvendada.

"Essa é apenas metade da história", argumentaria. "A física quântica é uma teoria incompleta, fruto da necessidade de explicarmos resultados experimentais um tanto estranhos. Ela simplesmente não pode ser a palavra final no mundo dos átomos. Tem que existir uma ordem por trás dessas probabilidades e comportamentos exóticos."

"E por que, professor Einstein, o senhor pensa dessa forma? O que lhe dá tanta certeza?"

"Porque o mundo não pode ser tão desordenado. O Velho não joga dados."*

Essa é a crença dos cientistas. Não a fé em Deus, mas numa visão de mundo, numa expectativa de como a Natureza deveria se comportar, de como a realidade deveria ser. A famosa frase de Einstein revela sua crença numa Natureza que, em sua essência, é determinística, e não probabilística. O seu "Velho" é um Deus metafórico, representando a Natureza seguindo leis determinísticas, uma Natureza cujos mistérios são acessíveis, ao menos parcialmente, à razão humana.

Durante as primeiras décadas do século XX, a visão de mundo quântica foi se impondo, mesmo que contra a vontade de um grande número de cientistas, que a consideravam uma violação de seu sistema filosófico. Não devemos julgá-los. Como você reagiria numa situação dessas, quando o novo e o inesperado são tão inevitáveis quanto ofensivos? Eis duas posições possíveis: podemos abraçar o novo, aceitando que nossa visão de mundo precisa ser revisada, dado o acúmulo de novas evidências; ou podemos fincar o pé e *acreditar* que existe uma explicação mais profunda, que eventualmente suplantará essa visão que julgamos ser tão ofensiva à nossa crença. Essa foi a posição adotada por Einstein. (E por Schrödinger, Planck, Louis de Broglie e muitos outros.)

O essencial aqui é reconhecer que, na ausência de dados conclusivos, as duas posições são baseadas em crenças. A dificuldade, tanto em certas questões científicas quanto na crença religiosa, é que podem não existir "dados conclusivos", algo que trataremos a seguir. Como determinar que a nova visão é definitiva? Ou que a velha visão foi definitivamente suplantada?

---

* Este é um diálogo imaginário, refletindo como Einstein via a teoria quântica. Niels Bohr, outro gigante da física do século XX, deu uma resposta que ficou famosa: "Einstein, deixe de dizer para Deus o que fazer!"

Antes disso, porém, é importante fazermos uma distinção clara entre a crença como se manifesta na ciência e na religião tradicional: em uma palavra, dogma. Na ciência, nenhuma crença pode ser sustentada de forma indefinida perante a força da evidência factual. Não se argumenta contra fatos conclusivos. Isso não significa que não exista resistência ao novo; como vimos anteriormente, existe e muita. Eventualmente, porém, ideias erradas são abandonadas. (Talvez apenas após a morte de toda a velha guarda, como comentou cinicamente o físico Max Planck.) Por outro lado, na religião, como evidência direta é elusiva ou simplesmente inexistente, a crença é *sempre* uma escolha viável.

Multiverso: ciência ou fé?

Evidentemente, as coisas nunca são assim tão simples. Existe uma complicação interessante na ciência, em particular na cosmologia e física de partículas, minhas áreas de pesquisa. Algumas teorias, extremamente populares, não são diretamente testáveis. Isso significa que não podem ser provadas erradas, o traço essencial de uma hipótese científica. (O essencial numa hipótese científica não é estar certa, mas ser demonstravelmente errada.) Como um zumbi que nunca morre, é possível conceber teorias que podem ser redesenhadas para escapar do teste do laboratório ou das observações astronômicas. Sempre que a evidência acumulada em experimentos vai contra a teoria, seus parâmetros são reajustados de forma que seus testes estejam além do alcance da tecnologia vigente na época. É como tentar pegar um sabão molhado. Essas teorias são como uma escada para o céu, com degraus que vão sendo adicionados durante a subida.

Existem duas ideias nas fronteiras da física teórica que ilustram bem a situação: a supersimetria e o multiverso. Começando com a menos bizarra das duas, a supersimetria é uma simetria hipotética da Natureza onde cada partícula ordinária de matéria (elétrons, quarks...) tem uma companheira supersimétrica, como se o mundo coexistisse com sua imagem no espelho, embora um espelho um pouco peculiar, que muda algumas coisas. A teoria foi proposta durante a década de 1970 para lidar com uma série de limitações do modelo vigente no momento, conhecido como Modelo-Padrão de partículas, que resume tudo o que sabemos hoje sobre os componentes fundamentais da matéria e as forças que agem sobre eles. O custo da supersimetria, porém, é alto: teorias supersimétricas dobram o número de partículas "elementares" que existem. (As imagens no espelho imperfeito.) Sua previsão mais importante é que ao menos uma das novas partículas, a mais leve delas, deve ser estável, isto é, não deve desintegrar-se em outras partículas.* Sendo assim, de acordo com a supersimetria, deve existir uma nova partícula tão estável quanto um elétron. Se esta partícula existe, deveríamos ser capazes de detectá-la em aceleradores de partículas como o Grande Colisor de Hádrons (LHC), no Centro Europeu de Pesquisa Nuclear na Suíça (CERN), ou em detectores espalhados pelo planeta que estudam partículas que chovem dos céus, conhecidas como raios cósmicos. No entanto, e apesar de uma busca intensa que já dura mais de três décadas, essa partícula não foi encontrada.

Em abril de 2015, o LHC foi ligado de novo, desta vez com energias quase que duas vezes maiores do que o seu recorde anterior. (Quando foi encontrado o famoso bóson de Higgs, em julho de 2012.) A maioria dos defensores da supersimetria acredita que agora vai; que quando os novos dados forem analisados (em torno de quando este livro estará sendo publicado, no segundo semestre de 2016), a nova partícula vai aparecer. Se for esse o caso, excelente, entraremos numa nova era de muita atividade na física de altas energias. Mas e se não for? Será que a supersimetria vai ser abandonada como uma hipótese que não funcionou?

É aqui que as coisas ficam interessantes. Minha previsão é que haverá uma ruptura na comunidade dos físicos. Já é possível sentir a tensão montante. Alguns colegas jogarão a toalha, admitindo que é hora de deixar a supersimetria para trás. Outros não, argumentando que a ausência de

---

* Mencionamos anteriormente que partículas instáveis decaem espontaneamente em outras mais leves. Na verdade, este é o caso da maioria das partículas. Um nêutron isolado, por exemplo, decai em aproximadamente 15 minutos num próton, num elétron e numa partícula mais exótica conhecida como "antineutrino do elétron".

evidência não é evidência de ausência, que a supersimetria pode só ser aparente a energias muito mais altas do que as que podemos atingir com nossas máquinas atuais. A supersimetria existe, mas é invisível aos nossos olhos. Para esses cientistas, a supersimetria como explicação da realidade física se tornará um artigo de fé, uma hipótese não testável. Ou seja, uma crença. E uma hipótese não testável, mesmo se temporariamente útil na construção de extrapolações e conjecturas, tem pouco valor científico se as previsões que inspira não podem ser validadas.

Mesmo que a ideia seja extremamente bela e elegante, como determinar se tem algo a ver com a Natureza se não podemos testar suas consequências? Esse é um período de muita expectativa e tensão agora na Suíça, onde o LHC coleta dados furiosamente. Mal posso esperar pelos resultados.*

O multiverso é uma extensão das teorias atuais da cosmologia, a parte da física e da astronomia que estuda as propriedades do Universo como um todo. Se você acha que o Universo é grande, melhor reconsiderar! A ideia essencial é que nosso Universo não é tudo o que existe, mas parte de uma entidade muito maior, o multiverso. Existem tipos diferentes de multiverso, cujas propriedades variam de acordo com a teoria. Em geral, o multiverso é uma coleção de um número enorme de universos, cada qual com suas próprias leis da Natureza. O nosso é aquele cujas leis permitem que estrelas formem e possam viver por um longo tempo, suficiente para a formação de planetas e, em ao menos um deles, o surgimento de criaturas vivas. (Note que uso Universo, com "U" maiúsculo, para denotar o Universo conhecido, o que podemos medir. Já universos, com "u" minúsculo, vai para universos hipotéticos, que podem ou não existir.)

Se você acha essa história meio vaga, não se preocupe. É vaga mesmo — começando com a noção de "lei da Natureza" ou "lei física". Checando a literatura especializada, ou mesmo a Wikipédia, vemos que não existe

---

* Não só porque tenho grande interesse em saber se a supersimetria é ou não uma propriedade da Natureza, mas, também, porque fiz uma aposta com Gordon Kane, um dos especialistas mundiais no assunto. O prêmio é uma garrafa de Macallan, um uísque de puro malte, envelhecida quinze anos.

um consenso entre os cientistas sobre quais são as leis da Natureza. Claro, algumas são óbvias, como as leis de conservação de energia e da carga elétrica. Mas as divergências começam bem cedo. Portanto, quando físicos falam de universos com leis físicas diferentes, especialmente no contexto do multiverso, é bom destilarmos com cuidado o que querem dizer. A resposta vai depender do tipo de teoria que gera o multiverso em questão.

Um exemplo popular entre os físicos é o chamado "panorama da teoria de cordas", uma expressão que precisa ser explicada. "Teoria de cordas" é, na verdade, um grupo de teorias que propõem uma mudança radical em como descrevemos a matéria: em vez de imaginarmos a matéria como sendo composta por pequeninos pedaços indivisíveis (as chamadas partículas elementares), que vão se "encaixando" (interagindo) como num jogo de Lego para formar estruturas mais complicadas — átomos, moléculas, células etc., essas teorias sugerem que as entidades mais fundamentais da Natureza são minúsculos tubos de energia (as cordas) capazes de vibrar em frequências diversas. Da mesma forma que para gerar sons diferentes num violão mudamos o comprimento da corda (pressionando-a com um dedo ao longo do braço do instrumento) e, com isso, mudamos sua frequência de vibração, as cordas fundamentais também podem vibrar em frequências diferentes, cada qual correspondendo a uma partícula elementar. Ou seja, uma única entidade vibrando em frequências diferentes pode gerar todas as partículas elementares, uma receita bem econômica.

Infelizmente, a vida não é assim tão simples. Para que essas teorias façam sentido, isto é, para que suas previsões tenham algo a ver com o mundo que medimos no laboratório, elas devem satisfazer duas propriedades essenciais: primeiro, precisam ser supersimétricas; segundo, precisam ser formuladas em nove dimensões espaciais, seis a mais do que as que vemos ao nosso redor (norte-sul; leste-oeste; cima-baixo). Discutimos já os desafios da supersimetria. Se a supersimetria não for uma propriedade da Natureza, a teoria das "supercordas" pode ser esquecida. E, se vivemos num espaço de nove dimensões, precisamos entender o que aconteceu com as outras seis que não vemos.

Lembre-se de que usamos a palavra "dimensão" para descrever uma direção do espaço onde o movimento é possível. Portanto, uma linha reta é um espaço de uma dimensão (unidimensional), já que um objeto só pode se mover ao longo da linha. Para determinar sua posição ao longo da linha ou ao longo de um círculo, precisamos de apenas um número (a distância a partir de um ponto de referência, ou o ângulo a partir de um ângulo de referência). Já uma superfície plana, como o topo de uma mesa, é um espaço bidimensional, pois um objeto pode viajar em duas direções. O espaço em que vivemos é tridimensional: podemos andar em duas direções e pular na vertical. Se outras dimensões existem, são invisíveis. Não vemos seus traços em microscópios ou mesmo em aceleradores de partículas, como o LHC.

Imagino que o leitor esteja se perguntando: "Mas o que microscópios e aceleradores de partículas têm a ver com dimensões do espaço?" A resposta é simples: talvez essas dimensões extras sejam muito pequenas, a ponto de escapar do alcance de nossos instrumentos. Uma imagem pode ser útil. Imagine uma corda esticada, como num varal. Vista de bem longe, a corda parece uma linha e, portanto, um espaço unidimensional. Mas de perto, vemos que a corda tem uma dimensão "extra", sua espessura, que podemos visualizar como um círculo colado a cada ponto ao longo da linha. (Uma corda esticada é essencialmente um cilindro bem longo.) Nesse caso, a dimensão extra, sendo tão pequena, só pode ser vista se ampliada, ou seja, se vista bem de perto. Voltando à teoria das supercordas, talvez essas seis dimensões extras formem uma espécie de bola minúscula, tão minúscula a ponto de escapar dos nossos instrumentos.

Tanto os microscópios quanto os aceleradores de partículas são *amplificadores da realidade*, instrumentos que nos permitem ver coisas extremamente pequenas, incluindo, possivelmente, dimensões extras do espaço.*
Até o momento não temos qualquer indicação da existência de dimensões

---

* Para ser preciso, não "vemos" dimensões extras. Uma partícula que, por acaso, se aventurar nessa direção, desaparecerá misteriosamente e será considerada "energia perdida" no detector. Na contabilidade da energia, uma fração fica faltando. (Não, fantasmas não são objetos desaparecendo nas dimensões extras do espaço!)

extras do espaço. Os resultados, porém, não são conclusivos, já que as dimensões extras podem ser bem menores do que podemos investigar com tecnologias atuais.

Já vimos isso antes; o mesmo problema da supersimetria retorna para nos assombrar. Se não podemos testar a existência de dimensões extras do espaço diretamente, como nos certificar de que existem? Se observações confirmarem algumas das previsões inspiradas pela existência delas, no máximo poderemos afirmar que temos evidência indireta. Por exemplo, não só energia "desaparecerá" nos detectores, como, também, algumas partículas terão propriedades (como a massa) que dependem do tamanho das dimensões extras. Alguns cientistas argumentam que evidência indireta é mais do que suficiente como prova de hipótese. Esse seria o caso se não houvesse outras explicações plausíveis para a mesma evidência. A situação é estranha, mas familiar: se não temos outras explicações plausíveis para a mesma evidência, podemos aceitar a que foi proposta apenas provisoriamente. Na ausência de evidência direta não existem certezas, apenas conjecturas prováveis.

A junção da supersimetria e das dimensões extras gera a previsão mais dramática da teoria de supercordas: que nosso Universo inteiro é consequência dessas dimensões. Todas as suas propriedades, como a intensidade da atração gravitacional, a velocidade da expansão cósmica, os tipos de partículas que existem, suas massas e cargas elétricas, enfim, tudo o que existe seria consequência da teoria de supercordas e da geometria das seis dimensões extras do espaço!

Não é à toa que me apaixonei pela teoria durante meu doutorado, ou que minha tese seja sobre universos com mais de três dimensões espaciais. O que poderia ser mais belo e elegante do que nosso Universo surgir de um espaço multidimensional, com todas as suas propriedades determinadas pela geometria das dimensões extras? Não seria essa a mais gloriosa das ciências, capaz de prever *tudo*?*

---

* "Tudo" aqui não inclui se você toca ou não violão, ou o que vai fazer amanhã. "Tudo" se refere às propriedades físicas do Universo, em particular, as das partículas elementares da matéria e suas interações mútuas.

Podemos traçar as origens desse tipo de sonho a Einstein e, bem antes dele, ao filósofo Platão, da Grécia Antiga. A ciência, a razão humana, como oráculo, capaz de desvendar todos os mistérios... Para Platão, a geometria era a chave da Verdade, com "V" maiúsculo. Einstein geometrizou belissimamente a gravidade em sua teoria da relatividade geral, e tentou fazer o mesmo com sua teoria unificada da gravitação e do eletromagnetismo. Infelizmente, suas tentativas fracassaram e Einstein morreu sem realizar sua unificação. A teoria das supercordas é a encarnação moderna do sonho de Einstein de geometrização da Natureza, agora incluindo as quatro forças conhecidas.

A complicação surge devido à complexidade da geometria de um espaço de seis dimensões, que pode ser torcido, dobrado, perfurado e cortado de várias formas (imagine fazer essas coisas com uma bola de massinha), cada uma dessas possibilidades (ou configurações) correspondendo a um universo diferente em três dimensões. Segundo a teoria, as regras geométricas do espaço de seis dimensões determinam as propriedades físicas da matéria e do espaço de três dimensões do nosso Universo. Contando todos os tipos possíveis de universos que podem resultar disso, chegamos ao número absurdo de 10^{500} possibilidades: o número um seguido de 500 zeros!

Esse é o estado um tanto triste da teoria das supercordas hoje: do seu apelo original de ser *a* teoria que iria prever nosso Universo como resultado do arranjo *único* da geometria do espaço oculto de seis dimensões, temos agora um número incontável de possibilidades, cada qual com leis naturais que, a princípio, podem ser diferentes. Como, então, escolher a solução "correta", isto é, a que representa nosso Universo, nessa montanha de opções? Quais os critérios de seleção que devemos usar?

De uma teoria que ofereceria nosso Universo como única solução possível, temos uma teoria que prevê essencialmente que todos os tipos de universo são possíveis. Mas físicos não se entregam facilmente. Logo foi sugerida uma resolução dessa situação curiosa (ou embaraçosa?). Melhor abandonar esse sonho de encontrar uma única solução e virar a coisa ao avesso: a teoria mostra que nosso Universo é *uma* das possibilidades que existem. Os parâmetros físicos que determinam suas propriedades (isto é, as massas e cargas das partículas, a velocidade da expansão cósmica etc.) são os que geram um universo capaz de existir por um tempo suficiente para permitir que estrelas, planetas e, eventualmente, criaturas possam surgir. Conhecendo as propriedades do nosso Universo, deduzimos quais os valores dos parâmetros físicos que resultam em universos como o nosso (ou bem parecidos). Infelizmente, não podemos *prever* quais são esses valores, o sonho da teoria original. O "panorama da teoria de cordas" é o espaço que contém todas essas 10^{500} possibilidades, cada qual resultando num universo distinto.

Mesmo aceitando essa nova postura mais humilde da teoria de supercordas, em que esses universos possíveis formam um multiverso, temos um problema sério: não podemos obter informação sobre esses outros universos, caso existam. *O multiverso não é uma entidade física diretamente verificável.* Por que isso? Tudo que podemos medir sobre o Universo está dentro de uma bolha de informação: como peixes num aquário, não podemos saber o que está do lado de fora. Mesmo que essa bolha de informação seja absolutamente enorme, com um raio de 46 bilhões de anos-luz, ainda assim é finita. Caso existam, os outros universos estão fora dela.

Uma analogia útil é visualizarmos o que ocorre numa praia, quando olhamos para o horizonte a distância, a linha onde céu e mar parecem se tocar. Sabemos que o mar continua além do horizonte (a menos que, como nossos antepassados, você ainda acredite que o mundo termine no horizonte), mas não podemos vê-lo. Lembro-me de sentar na areia ao lado da minha vara de pesca, olhando atentamente para o horizonte. Volta e meia, via um navio a distância, seus mastros aparecendo antes de seu casco. Isso só pode ocorrer se o mar continua além do horizonte. Algo de semelhante acontece com o Universo. A informação que podemos adquirir sobre fenômenos cósmicos vem de diferentes tipos de radiação eletromagnética: visível, infravermelha, ultravioleta etc. (Dada a recente descoberta das ondas gravitacionais, temos que adicioná-las como um novo tipo de fonte de observação. Porém, é importante notar que também viajam na velocidade da luz.) Essencialmente, telescópios são "baldes coletores" dos diversos tipos de radiação. O horizonte cósmico, a bolha de informação que nos restringe, vem do fato de o Universo ter, como você, uma data de nascimento. Embora os detalhes do que tenha ocorrido exatamente quando o Universo surgiu sejam imprecisos (falaremos mais sobre isso adiante), sabemos que o tempo tal como o conhecemos começou a passar há aproximadamente 13,8 bilhões de anos. Isso significa que a luz, mesmo que viajando a 300 mil quilômetros por segundo, pôde apenas cobrir uma distância finita nesse período de tempo. Essa distância define o horizonte cósmico, o raio de nossa bolha de informação. O que estiver fora dessa bolha está necessariamente fora do alcance de nossos instrumentos. Por outro lado, da mesma forma que o mar continua além da linha do horizonte, é bastante razoável imaginar que o Universo também continue além do horizonte cósmico. Porém, dada a informação que podemos coletar (e diferentemente dos oceanos), não podemos ter certeza disso. O que ocorre fora da nossa bolha de informação cósmica é inacessível às nossas observações.

No máximo, podemos tentar obter evidência indireta da existência do multiverso. Uma ideia interessante, apesar de bastante arrojada, é que, se outros universos existem "lá fora", podem ter se chocado com o nosso no decorrer desses 13,8 bilhões de anos. Obviamente, uma colisão de universos deve ser um evento incrivelmente dramático. Como ainda estamos por aqui, se houve de fato uma colisão no passado, teria sido mais uma passagem de raspão do que uma colisão frontal cataclísmica. De qualquer forma, é possível calcular que esse tipo de acidente leve poderia deixar uma espécie de cicatriz dentro do nosso horizonte cósmico. Essa cicatriz apareceria como pequenas distorções na radiação que preenche o cosmo e podemos medir em detalhe, a chamada radiação cósmica de micro-ondas. Essas cicatrizes teriam uma forma bem típica, como um tecido estampado com padrões circulares, que lembram anéis concêntricos. Embora nada tenha sido encontrado até o momento, é interessante especular que nosso Universo possa ter colidido com outros no decorrer de sua história. Mesmo assim, a questão permanece: uma cicatriz na radiação cósmica de micro-ondas não é prova conclusiva da existência do multiverso.

Como interpretar o que ocorre quando a fé numa visão de mundo não observável é o guia principal para a criatividade científica numa determinada área? O que fazer se, por períodos muito longos (ou indefinidamente), não tivermos dados para conferir nossas hipóteses? Sendo uma criação de pessoas com sonhos e aspirações, limitadas pelo que podem ver da realidade, a ciência não é perfeita. Sua prática reflete os que a praticam, especialmente quando lidamos com hipóteses na fronteira do conhecimento, onde tudo é necessariamente meio vago.

Meu dilema não é que pessoas possam acreditar tanto numa ideia que sua habilidade de julgar seu valor fique compromissada. Afinal, mesmo que a paixão e a reflexão crítica não sejam muito compatíveis, a prática da ciência é construída para ser imune a essas paixões, ao menos a longo prazo. Se podemos, eventualmente, obter dados, podemos chegar a algum tipo de conclusão sobre uma determinada hipótese. As coisas complicam quando esse não é o caso, e não podemos obter os dados necessários para refutar uma hipótese. O perigo é chegar nessa situação e nos deixar levar indefinidamente pela fé que temos numa ideia, nossa criatividade prisioneira de uma realidade imaginária. Nesse caso, acabamos por nos tornar escravos de uma ideologia, de uma visão de mundo que não pode ser testada. Podemos passar anos, muitas vezes décadas, perseguindo fantasmas que pouco ou nada têm a ver com a realidade. Como saber quando é hora de abandonar o barco?

A esperança é essencial para nossa criatividade e não é nada óbvio saber quando se deve deixar uma ideia para trás. (O mesmo ocorre com relações amorosas, muitas vezes com consequências desastrosas: "Ela vai me amar um dia, tenho só que continuar mostrando para ela o quanto a amo...")

Existe um ponto além do qual a persistência vira obsessão, uma fantasia trágica. O físico Albert Michelson, o primeiro norte-americano a ganhar o prêmio Nobel, morreu acreditando na existência do chamado éter — um meio material que preenche todo o espaço e cuja função seria propagar ondas luminosas —, mesmo que seu próprio experimento tenha servido,

décadas antes, como evidência principal *contra* a existência desse meio.*
Como Michelson, existem muitos outros. E no caso das relações amorosas, o que pode ser mais devastador do que ver a pessoa amada nos braços de outra ou outro? No mundo das ideias, como no amor, é doloroso estar errado. A dor é ainda maior quando se é forçado a abandonar não só uma ideia, mas toda uma visão de mundo. Um pescador sabe muito bem que se os peixes não estão beliscando, após algumas horas é melhor voltar para casa e tentar outro dia. No amor, também, existe sempre a possibilidade de se encontrar uma pessoa nova. Mas quando uma visão de mundo entra em colapso, não temos outra chance. Resta apenas ir em frente, aceitando o novo com dignidade.

A bruxa de Copacabana

Quem nunca teve uma experiência estranha na vida, algo que desafie o bom senso, que aparentemente não tenha uma explicação racional? Em vez de argumentar que tais eventos são apenas coincidências, e que somos nós que damos um significado exagerado a elas pela sua importância emocional, prefiro contar um caso bizarro, um evento que aconteceu comigo e que permanece — ao menos para mim — misterioso e inexplicável.

Quando tinha 17 anos, passava horas por dia estudando para o vestibular sentado na escrivaninha do meu quarto. Como hoje, o estresse era enorme: a competição pelas poucas vagas nas melhores universidades era extremamente intensa, e a quantidade de matéria, absurda, cobrindo desde álgebra e história mundial à genética e geografia. Para piorar, meus dois irmãos mais velhos eram "feras", ambos passando entre os primeiros nas suas áreas. A pressão, real e imaginária, chegava a doer.

---

* Ao contrário das ondas na água ou das ondas de som, que se propagam num meio material (água para ondas na água; ar para ondas de som), a luz e todos os tipos de radiação eletromagnética viajam no espaço vazio (o vácuo).

Meus pais adoravam convidar amigos para jantar. Recebíamos visitas ao menos uma vez por semana. Estávamos em 1976, quando muitos portugueses ricos haviam emigrado para o Brasil, fugindo do governo socialista que havia tomado o poder em 25 de abril de 1974, na Revolução dos Cravos. A flor virou símbolo do conflito quando soldados das tropas vitoriosas marcharam pelo centro de Lisboa com um cravo vermelho nos canos de seus rifles.

Meu pai era dentista, embora seus verdadeiros talentos fossem outros. Querido por todos, menos por ele mesmo, era um homem charmoso, elegante, com um excelente ouvido musical e apaixonado por antiguidades e pelo seu jardim. Através de seus vários contatos, acabou herdando um grupo enorme desses novos imigrantes portugueses como pacientes, que, por sua vez, respiravam aliviados ao serem tratados por uma alma europeia nos trópicos. Politicamente, tendia para a direita, o que agradava ainda mais aos seus pacientes, muitos deles banqueiros, membros da nobreza, ministros etc.

Um dia, no almoço, meu pai anunciou que na semana seguinte teríamos um convidado muito especial para jantar, o senhor João Rosas, ex-ministro da Justiça, acompanhado de vários amigos seus. Léa, minha madrasta, que gostava mais ainda de festas do que meu pai, lambeu o beiço e começou a pensar no menu. "Acho que a *pièce de résistance* deveria ser bacalhau espiritual", já saboreando o prato delicioso. Como diz o nome, o suflê de bacalhau tem que ser ultraleve, da textura de um espírito, se espírito tivesse textura. "Vamos mostrar a esses portugueses que sabemos fazer a comida deles melhor do que na casa deles!" A vingança culinária dos colonizados!

Após muitos preparos e ansiedade, chegou o dia do famoso jantar. A casa estava linda, cheia de rosas, que era o tema da noite. Os convidados chegaram em torno das 20 horas, e conversavam animadamente na sala de visitas. Dentre eles o senhor Rosas, como era conhecido, um homem diminuto de nariz aquilino e porte nobre, com um lenço amarelo de seda elegantemente dobrado no bolso de seu blazer azul-marinho. Meu pai, anfitrião exemplar, aproximou-se de seu convidado de honra.

"João, o que posso lhe oferecer para beber?"

"Uísque está ótimo, Izaac."

Em segundos, meu pai estava de volta. Todas as bebidas alcoólicas ficavam guardadas no banheiro de visitas, num armário que, anos antes, era um chuveiro. Após tomar um gole, o ministro olhou para meu pai de olhos arregalados.

"Ó Izaac, isso aqui não é uísque, não. É chá!"

"Como assim, chá? Tem certeza?"

"Sim, claro. É um ótimo chá, mas é chá."

"Impossível! Deixa eu provar." Meu pai pegou o copo das mãos do ministro. "Meu Deus, você tem razão. É chá mesmo! Mas como que isso pod... Um momento, João, deixa eu ver o que aconteceu."

Meu pai foi correndo até o armário de bebidas para provar mais uma vez o uísque que tinha dado ao ministro. Chá. Seus olhos bateram nas outras garrafas abertas de uísque. Chá em todas elas. Horrorizado, provou da garrafa aberta de conhaque. Também era chá. *Todas* as garrafas abertas contendo bebida cor de âmbar tinham sido preenchidas com chá. O bom dentista de Copacabana quase implodiu.

Sem perder tempo, meu pai foi até a cozinha. Lá estava a Maria, nossa cozinheira, debruçando-se sobre a travessa com o bacalhau espiritual, cantarolando um hino a Iemanjá ou alguma outra divindade do candomblé. Uma senhora negra dos seus 50 e muitos anos que, por seus olhos permanentemente opacos, parecia estar sempre inebriada. Maria nunca tirava o turbante branco da cabeça, e nós sabíamos bem o que aquilo e os cantos significavam: nossa cozinheira era uma mãe de santo, sacerdotisa de algum terreiro de macumba nos arredores do Rio. Não que eu tivesse conversado com ela sobre isso. Preferia não tocar no assunto, imaginando que fosse guardiã de segredos que eu preferia respeitar à distância.

"Maria!", gritou meu pai, assustando a senhora. Maria secou as mãos no avental. "Foi você quem bebeu todas as bebidas do armário do banheiro?"

"Quase todas, doutor", respondeu Maria, como se fosse a coisa mais normal do mundo.

"Como você me faz uma coisa dessas? Você está despedida! Amanhã de manhã você vai embora!"

O rosto da boa senhora foi mudando de expressão, até transformar-se numa máscara de ódio. Seus olhos pareciam faiscar de raiva. Meu pai recuou dois passos. Instintivamente, sua mão foi para o bolso da calça, onde guardava sempre um dente de alho. Em seu mundo, o mal podia atacar a qualquer momento. Era bom estar preparado.

"Eu vou, doutor, mas pode se preparar. Esta casa está marcada!"

Uma maldição! Maria, cozinheira e princesa das mães de santo, amaldiçoou a nossa casa. Que desgraça!

Lembrando-se de seus hóspedes VIPs, meu pai voltou para a sala com uma garrafa selada de Chivas Regal na mão.

Na manhã seguinte, Maria me chamou na cozinha. Tinha as malas prontas e pediu que a ajudasse a levá-las até a portaria. Tentei evitar seus olhos, mas não consegui. As faíscas ainda estavam lá, mais fortes do que na noite anterior. De repente, ela me pegou pelos ombros e me olhou direto nos olhos.

"Você, menino, você tem *corpo fechado*. Não se preocupe que nada vai te fazer mal."

Petrificado, consegui dar um sorriso amarelo enquanto me desvencilhava das suas mãos.

Durante as próximas semanas, meu pai checou regularmente seu pé de arruda antes de ir para o consultório, para ver se tinha murchado ou não. Tinha fé completa na planta, que acreditava ser uma espécie de barômetro do mal, que murchava se algum mal-intencionado viesse nos visitar ou pôr um mau-olhado em alguém da família. Para garantir, passou a carregar quatro dentes de alho no bolso. Felizmente, o pé de arruda permaneceu saudável. Meus pais contrataram uma cozinheira nova (após garantir que ela não usava turbantes brancos) e a vida da família foi voltando ao normal.

Uma tarde, cerca de um mês após o incidente, estava estudando no meu quarto quando senti um calafrio estranho subindo pelas minhas costas. Estranho, porque era novembro no Rio e, portanto, já bem quente. Ademais, não costumava sentir calafrios. Tentei focar minha atenção na lista de exercícios de matemática, mas não consegui. "Acho que estou estudando demais", pensei. Fui até a varanda dar uma relaxada, mas a ansiedade continuou. De repente, senti um ímpeto de ir até a sala de jantar. A mesa onde comíamos era flanqueada por dois móveis contendo cálices e garrafas de cristal. A cristaleira estilo rococó ficava atrás da cabeceira da mesa, onde sentava meu pai. Com portas e três prateleiras de vidro, continha os cálices de cristal da Boêmia (na atual República Tcheca) que eram "chiques demais" para serem usados no dia a dia. Verdadeiras obras de arte, alguns eram decorados com bordas pintadas a ouro e padrões intrincados esculpidos no cristal colorido. Do lado oposto da mesa, tínhamos um carrinho de bebidas de bronze, com uma prateleira de vidro onde ficavam várias garrafas de cristal contendo vinho do Porto e licores de diversas cores, cada uma com a sua coleirinha de prata. Era tudo mais para decoração do que uso, pois, fora a cerveja ocasional do meu pai, ninguém gostava muito de beber na família.

Estava em pé ao longo da mesa meio que sonhando acordado quando algo, talvez um ruído bem sutil, fez com que eu olhasse para a cristaleira. Naquele exato momento, a prateleira superior quebrou ao meio e todos os cálices que sustentava despencaram sobre a prateleira de baixo, que também quebrou, colidindo imediatamente sobre a prateleira inferior, numa cachoeira ensurdecedora de cacos de cristal. Pareceu uma explosão; em segundos, dezenas de cálices valiosíssimos haviam sido destruídos, quase que pulverizados. Mal tive tempo de piscar os olhos, quando ouvi outro barulho de vidro quebrando, agora do lado oposto da mesa. A prateleira do carrinho de bebidas rachou ao meio, e todas as garrafas de cristal foram ao chão. Fiquei olhando a cena, paralisado. A devastação era total. A nova cozinheira veio correndo, viu o que tinha acontecido, se benzeu três vezes e desapareceu na cozinha. Foi embora naquela mesma noite.

Tremendo dos pés à cabeça, liguei para o meu pai no consultório. "Pai, a maldição. Aconteceu! Tá tudo quebrado. A cristaleira despencou bem na minha frente; depois o carrinho de bebidas, quase ao mesmo tempo!"

"Não toca em nada! Estou indo."

Pobre pai. O evento rasgou de vez o tênue véu que, na sua imaginação, separava o mundo dos vivos do dos mortos. *"Yo no creo en las brujas, pero que las hay, las hay"*, vivia dizendo. Depois de um acidente desses, como não acreditar?

Aparentemente, nossa Maria não era uma mãe de santo qualquer. Era a própria rainha da macumba. Passei dias atordoado, completamente confuso. Como que algo assim pôde acontecer? Coincidência? Sim, se fosse apenas a cristaleira *ou* o carrinho de bebidas. As prateleiras estavam sobrecarregadas, anos de umidade tropical e maresia haviam enfraquecido os pinos de sustentação... Mas *ambos* quebrando praticamente ao mesmo tempo? E numa região geologicamente antiga, onde não existem terremotos ou mesmo tremores de terra bem leves? Pensei que, talvez, algum tipo de ressonância houvesse ocorrido, as frequências de som do cristal quebrando induzindo instabilidades nos outros vidros da sala. Pouco provável. Ou talvez o tremor de um avião supersônico que passou perto? Negativo. Melhor aceitar o que ocorreu pelo que foi: uma sincronia extremamente bizarra, que Jung e seus adeptos gostavam de chamar de "sincronicidade". Nenhuma explicação racional, ao menos que tenha imaginado, dá conta do que ocorreu.

O desastre não poderia estar mais relacionado à maldição da Maria, visto que ocorreu justamente com cálices e garrafas de bebida. E o calafrio que senti bem antes, o ímpeto de ir até a sala de jantar? Não há dúvidas de que fui testemunha de algo que desafia a ordem natural das coisas. Será que Maria me usou como veículo de sua magia? Será que quando me segurou pelos ombros, me olhando com aqueles olhos faiscantes, me hipnotizou de alguma forma? Será que fui eu quem quebrou aquilo tudo, como se num transe sonâmbulo, e não me dei conta? Acho pouco provável. Não sou muito suscetível à hipnose, e muito menos sonâmbulo. Também não creio sofrer de algum distúrbio de personalidade múltipla, esquecendo o que meu outro eu andou aprontando. Mesmo de longe, eu adorava os belos cálices da Boêmia.

O fato, porém, é que tanto a cristaleira quanto o carrinho de bebidas despencaram em sincronia quase que perfeita. A maldição da Maria foi cumprida. A bruxa de Copacabana riu por último. *Yo no creo en las brujas, pero que las hay, las hay.* Esse é um mistério que provavelmente jamais resolverei. Talvez seja melhor assim. Nem tudo precisa ser explicado, nem toda pergunta precisa ter resposta. Se tudo fizesse sentido, a vida seria bem sem graça. Um pouco de inexplicável faz bem, nos deixa um pouco inseguros, imaginando o que pode existir além do possível.

Razão, fé e a incompletude do saber

Tento me reimaginar como um adolescente de 17 anos, vivendo uma experiência dessas. Quem não ficaria aterrorizado? Apesar dos tantos anos, penso ainda com frequência no que ocorreu. Qualquer explicação desafia o que chamaríamos de circunstâncias "normais". Se fui eu quem quebrou tudo e não me lembro porque estava sob algum tipo de transe hipnótico, significa que existem dimensões do meu ser além do meu controle. Muito assustador. Se, por outro lado, a destruição foi orquestrada por algum tipo de magia sobrenatural, minha visão de mundo precisa ser profundamente revisada. Se a destruição foi causada por algum efeito perfeitamente natural e eu (e outros a quem contei a história) não consigo imaginar o que poderia ser, significa que existem dimensões da realidade que escapam ao nosso conhecimento. Essa é minha opção preferida, pois mantém viva a esperança de que temos a habilidade de compreender o mundo ao menos em parte, mesmo quando nos defrontamos com o que aparentemente é incompreensível. Afinal, a ciência moderna é uma ferramenta poderosa para compreendermos o que existe além do óbvio, para explorarmos aquelas partes da realidade além da nossa percepção imediata das coisas. É na fronteira do conhecimento que a ciência mergulha em direção ao mistério, tentando oferecer explicações do desconhecido através do que é conhecível.*

---

* Como contraste, as religiões tradicionais tentam explicar o desconhecido com o incognoscível, inspiradas, como a ciência, pelo mistério. Só que, ao contrário desta, também contribuindo para sua natureza.

Esse é o objetivo principal da ciência, dar sentido ao desconhecido. Mas é bom lembrar que, pela sua própria natureza, a construção desse conhecimento sobre o mundo não tem fim. Quando nossa Ilha do Conhecimento cresce, as praias da nossa ignorância, que demarcam a fronteira entre o conhecido e o desconhecido, também crescem. Quanto mais sabemos, mais descobrimos o quanto não sabemos. Como nos ensina a história da ciência, novas descobertas e novos instrumentos têm o poder de mudar por completo nossa visão de mundo. Pense em como nossa compreensão dos céus mudou após a invenção do telescópio; ou como a compreensão da vida foi alterada pelo microscópio. Esses instrumentos revolucionaram nossa percepção da Natureza. Se antes víamos a humanidade como criação divina, vivendo no centro estático do cosmo, agora nos vemos como uma espécie evoluída de primatas, vivendo num pequeno planeta azul dentre trilhões de outros mundos em nossa galáxia, num Universo em expansão.

Um ingrediente essencial na metáfora da ilha é que aqui e ali, no oceano do desconhecido, encontramos também o incognoscível: podemos fazer perguntas perfeitamente razoáveis sobre o funcionamento da Natureza que estão além do alcance da ciência. Em outras palavras, alguns fenômenos naturais talvez nunca sejam explicados, ao menos por nós. Esse tipo de afirmação costuma incomodar quem acredita numa espécie de triunfalismo científico, que a ciência pode conquistar tudo. Não devia, pois essa expectativa não faz sentido. Cientistas têm que ter a integridade profissional e a clareza intelectual para saber o que está além do seu alcance, ao menos através da aplicação da metodologia científica que conhecemos hoje. Falo isso sendo um cientista bastante ativo na pesquisa. Reconhecer nossos limites e aprender com eles não é, de modo algum, o mesmo que desistir da busca.

Para os que permanecem céticos, eis alguns exemplos de incognoscíveis, das ciências cósmicas às cognitivas:

- Não podemos investigar o que está além do horizonte cósmico, a bolha de informação com raio aproximado de 46 bilhões de anos-luz, definida pela distância que a luz pôde viajar desde o Big Bang.

- Não podemos explicar a aleatoriedade dos fenômenos quânticos de forma determinística, onde causas determinam efeitos específicos. Temos que aceitar a natureza probabilística do mundo dos átomos e das partículas.
- Não podemos construir um sistema de regras lógicas fechado de forma que qualquer afirmação nesse sistema possa ser provada com essas regras, como demonstrou o matemático austríaco Kurt Gödel com seus teoremas da incompletude.
- Um computador não pode se incluir numa simulação. Portanto, é impossível construir uma simulação que englobe o Universo como um todo, dado que a simulação faz parte do Universo.
- Talvez seja impossível entendermos nossa própria consciência, um problema conhecido nas ciências neurocognitivas e filosofia da mente como o "problema difícil da consciência". Essa designação serve para distingui-lo dos "mais fáceis", relacionados com a fisiologia neuronal dos sentidos, por exemplo.

Na lista acima, deixo de lado a maioria dos detalhes, dado que cuidei deles em meu livro *A ilha do conhecimento*. É necessário analisar com cuidado a noção de que algo seja "incognoscível", visto que o que nos parece incognoscível hoje pode vir a ser cognoscível amanhã. Entretanto, em cada um dos exemplos acima, vemos que a transição de incognoscível a cognoscível necessitaria de uma verdadeira revolução em nossa compreensão da realidade física. A saber, seguindo a mesma ordem da lista acima:

- A velocidade da luz não seria a velocidade limite da Natureza, contrariando tudo o que conhecemos hoje sobre o Universo e a matéria; ou deveria ser possível viajar de um universo a outro usando os chamados buracos de minhoca, que não só precisam existir como devem ser estáveis, suas entradas (bocas) mantidas abertas.*

---

* Buracos de minhoca são como túneis no espaço previstos pela teoria da relatividade geral de Einstein. Podemos imaginar uma espécie de rede de metrô espalhada pelo Universo, como sugeriu Arthur C. Clarke em seu clássico de ficção científica, *2001: Uma odisseia no espaço*. Infelizmente, os modelos que temos hoje de buracos de minhoca requerem uma física extremamente exótica e, ao que tudo indica, aparentemente implausível.

- Um novo modo de se pensar sobre a física quântica, capaz de explicar de forma determinística as probabilidades que observamos no laboratório. Tentativas baseadas nas chamadas "variáveis ocultas" não funcionam.
- Uma nova lógica autoconsistente teria que ser criada para a matemática.
- Novos conceitos em computação teriam que emergir, onde uma máquina é capaz de simular a si mesma, uma aparente inconsistência.
- Nossa autoconsciência, a percepção que temos de nós mesmos, da nossa subjetividade, teria que ser explicada como uma propriedade emergente da interação de grupos de neurônios no cérebro.

Os incognoscíveis listados acima têm uma mesma característica: a necessidade de uma espécie de conhecimento total, uma explicação completa de um sistema físico ou biológico, seja ele o Universo ou a mente humana:

- Conhecer o Universo como um todo, sem poder sair dele.
- Explicar deterministicamente todos os resultados possíveis de um sistema quântico, incluindo as probabilidades relativas entre um resultado e outro.
- Ter uma matemática completa, logicamente fechada.
- Ter uma simulação completa, que inclua a si mesma.
- Ter um cérebro capaz de se descrever por completo.

A existência de limites a um conhecimento completo — um saber absoluto — foi explorada por dois de meus heróis intelectuais: Jorge Luis Borges e Isaiah Berlin. Ambos argumentaram contra a possibilidade de se alcançar esse objetivo, sugerindo uma postura de humildade perante questões que envolvam um conhecimento absoluto das coisas. Berlin, em particular, argumentou que esse tipo de convicção é potencialmente muito destrutivo socialmente: na política, na religião ou em várias outras atividades sociais, ideologias opressivas nascem da crença de que um sistema de valores é superior a todos os outros. Os que não concordam com esses valores são designados inferiores, criando uma divisão conflituosa na sociedade.

Em seu conto *A biblioteca de Babel*, Borges conta a história dos bibliotecários responsáveis por uma biblioteca que contém todos os livros que já foram e serão escritos. Dado que não existem limites para como as letras do alfabeto podem ser concatenadas (os livros não precisavam fazer sentido), a biblioteca, ao menos potencialmente, era infinita. Um grande desafio para esses bibliotecários era encontrar o catálogo completo, aquele que incluísse todos os livros da biblioteca. O problema era que mesmo se esse catálogo existisse, outro teria que incluí-lo. E este, por sua vez, necessitaria de outro que o incluísse, e assim por diante. Ou seja, a estrutura é como a de uma cebola infinita, a camada externa contendo as outras numa sucessão sem fim: não pode existir um catálogo completo que inclua todo o conhecimento, já que outro catálogo teria que incluí-lo.

O conto investiga o infinito, deixando claro que "infinito" é uma ideia: qualquer tentativa de transformá-lo em algo real está fadada a falhar. Somos uma espécie que, apesar de nosso tamanho finito e capacidade racional limitada, somos capazes de conceber a ideia do infinito. Podemos imaginar o infinito, usá-lo em cálculos. Podemos até representá-lo graficamente, conforme mostrou Brunelleschi, um dos mais geniais pintores da Renascença, com a invenção da perspectiva para capturar o infinito numa tela de duas dimensões; ou como nas gravuras paradoxais de M. C. Escher, o ilustrador holandês. Mas pensar o infinito não é o mesmo que provar sua realidade. O infinito pode até existir — por exemplo, o Universo pode ser espacialmente infinito, não tendo começo ou fim —, mas não podemos ter certeza disso. Nenhuma medida pode provar que o Universo é infinito com absoluta certeza, da mesma forma que sabemos que a Terra é uma esfera (oblata). Podemos *acreditar* no infinito, dado o que sabemos; mas não mais do que isso.

Berlin insistiu na impossibilidade de qualquer tipo de saber absoluto ou total, chamando essa crença de "Falácia Iônica":* "Uma frase da forma 'Tudo consiste em...' ou 'Tudo é...' ou 'Nada é...', a menos que baseada em resultados empíricos [...] não tem qualquer significado, dado que uma proposição que não pode ser refutada ou questionada não nos oferece qualquer informação." Em um de seus últimos pronunciamentos públicos, quando recebeu o grau de doutor *honoris causa* da Universidade de Toronto, Berlin expande suas ideias ao pensamento sociopolítico:

> A ideia de que todas as questões genuínas têm apenas uma resposta verdadeira é bem antiga na filosofia. Os grandes filósofos de Atenas, os teólogos do judaísmo e do cristianismo, os pensadores da Renascença e da França de Luís XIV, os revolucionários franceses do século XVIII, os do século XIX — todos eles, mesmo que divergissem nas suas respostas ou em como deveriam ser obtidas (o que ocasionou muitas guerras no decorrer da história) —, todos estavam convictos de que tinham *a* resposta, e que apenas a estupidez humana poderia obstruir que a tornassem uma realidade.
>
> Essa é a ideia de que falei, e que digo a vocês que é falsa. Não apenas porque as soluções encontradas por diferentes escolas de pensamento social são diferentes, e nenhuma delas pode ser comprovada por métodos racionais como sendo a "correta"— mas por uma razão mais profunda. Os valores centrais adotados pela sociedade através dos tempos não estão sempre em harmonia entre si.**

---

* "Iônico" faz referência ao primeiro grupo de filósofos da Grécia Antiga, da região conhecida como Iônia, hoje na costa oeste da Turquia. Já em torno de 650 a.C., os iônicos buscavam por uma explicação única para o mundo material, acreditando que tudo o que existe viesse da mesma substância. Para Tales de Mileto, o primeiro deles, essa substância primal era a água.

** "A Message to the 21st Century", *New York Review of Books*, 23 de outubro de 2014.

Ou seja, a questão da verdade é uma questão moral. Quando alguém acredita que seus valores são superiores aos dos outros, cria um diferencial que pode facilmente se transformar numa ideologia opressiva. Isso ocorreu diversas vezes no decorrer da história, muitas delas com consequências trágicas, como nos lembra Berlin. Até mesmo nas ciências temos exemplos semelhantes de ideologias persistentes e de discriminação, se bem que de natureza mais sutil do que as que encontramos em regimes fascistas ou em perseguições religiosas.

Nas ciências, buscamos sempre pela simplicidade nas nossas explicações, de modo que teorias possam abranger o maior número possível de fenômenos. Quanto mais simples e abrangente a teoria, mais poderosa ela é. Esse é o princípio por trás da famosa Navalha de Occam, que corta o que existe de supérfluo numa explicação, deixando só o essencial. Na visão de um físico, uma teoria é "bela" ou "elegante" quando explica muito com pouco. Ou seja, usando um número mínimo de conceitos, a teoria tem grande poder explanatório. É claro, então, que a teoria mais bela de todas é a que pode explicar "tudo" — a unificação total, onde por "tudo" queremos dizer o comportamento da matéria nas suas mais diversas manifestações. (Como vimos, teorias unificadas da física não são desenhadas para lidar com questões que envolvam as complexidades da vida humana ou da Natureza, como prever o tempo com um mês de antecedência, ou quem vai ganhar a loteria ou a Copa do Mundo.) Segundo esse prisma, vemos que a ideia de unificação reflete uma ideologia científica: na sua essência mais profunda, a Natureza deve ser simples; todas as forças que percebemos como sendo diferentes são, na verdade, manifestação de uma única: a força unificada (ou campo unificado).

Essa ideia é muito sedutora. Passei boa parte de minha carreira trabalhando nela, em busca do Um. Mas tendo em vista os argumentos recém-citados sobre a incompletude do saber, sobre nossa visão limitada da realidade, vi-me forçado a abandonar essa busca, que hoje vejo mais como uma crença do que como um objetivo plausível cientificamente — uma espécie de monoteísmo científico.

Dado nosso conhecimento limitado da realidade, precisamos aprender a aceitar que nunca saberemos ao certo se alcançamos esse nobre objetivo, a compreensão completa de todas as interações materiais no Universo. Nossos instrumentos continuarão a abrir janelas para o novo. Por exemplo, uma nova força da Natureza pode ser descoberta daqui a cinquenta ou cem anos. Não existe um teorema provando que nosso conhecimento atual das partículas e suas interações seja exaustivo. Pelo contrário, nosso conhecimento atual do que ocorre no mundo do muito pequeno é repleto de incertezas e questões em aberto. No máximo, podemos construir uma teoria unificada do conhecimento *atual*, aceitando que muito provavelmente será revisada no futuro. Esse objetivo, bem mais humilde, é muito mais consistente com a natureza do conhecimento humano.

Com frequência, esse tipo de visão é tachada de derrotista: "Qual o ponto de buscar se nunca chegaremos no objetivo final?" Essa crença de que a busca pelo saber só vale a pena se tiver um objetivo final não faz muito sentido. É como o sujeito que não vai pescar porque não sabe se vai pegar um peixe. A emoção do esporte vem justamente da incerteza, de não sabermos se teremos ou não sucesso. Cada fisgada é uma surpresa, o inesperado que nos saúda com a linha firme, com a vara que dobra. Todo mundo quer pescar o peixe; mas não saber se iremos ou não faz toda a diferença. Só apreciamos o gosto doce do sucesso quando conhecemos o gosto azedo do fracasso.

O fato de que nosso conhecimento do mundo é necessariamente incompleto não deveria ser visto como uma fraqueza da nossa capacidade racional. Pelo contrário, vejo isso como uma *liberação*: a incompletude do saber nos permite explorar o oceano do desconhecido sem a pressão de termos que achar algum tipo de "verdade final". Cada descoberta que fazemos abre a porta para novas perguntas. Já a expectativa de que podemos chegar a uma verdade final transforma a busca científica numa busca religiosa, dado que apenas nas religiões (mas não em todas elas) a noção de verdades absolutas (os dogmas) é aceitável. De fato, mesmo que algo como a essência mais absoluta e profunda da Natureza exista, não poderíamos compreendê-la em sua totalidade, com ou sem a ciência. Tal como o infinito, essa essência é imaginável, mas não alcançável.

A ciência é uma construção intelectual sob revisão constante, uma narrativa que criamos para dar sentido ao que vemos do mundo. Ter como seu objetivo mais nobre desvendar algum tipo de verdade final compromete o seu aspecto lúdico, transformando sua prática exploratória numa busca religiosa. A vastidão da Natureza não deve ser confinada à exploração de um único pico, como se fosse uma peregrinação a um local sagrado.

Imagine que tal objetivo final fosse atingível, e que um dia chegássemos lá. E aí? A ciência básica acaba? Paramos de nos perguntar sobre os aspectos mais fundamentais da Natureza? Essa possibilidade me parece muito mais triste e derrotista do que a certeza de que teremos sempre algo de novo a aprender sobre o mundo, que a busca continuará enquanto tivermos a curiosidade de nos perguntar sobre o desconhecido. (E o financiamento necessário para construir os equipamentos de que precisamos para testar nossas hipóteses.)

Isso explica por que o que ocorreu aquele dia em Copacabana, **o** colapso quase que simultâneo de dois móveis contendo cálices e garrafas de cristal, não me tira mais o sono. Vi com meus próprios olhos e estava, pelo que sei, perfeitamente lúcido e alerta. Momentos antes, senti um desconforto físico, o calafrio que mencionei, e o ímpeto de ir até a sala de jantar. Por quê? Não sei. Não costumo sentir calafrios súbitos ou ímpetos de explorar esse ou aquele lugar da casa. *Yo non creo en las brujas, pero que las hay, las hay...* Seja o que for, entrou na minha realidade por alguma caverna perdida nas profundezas do oceano do desconhecido, retornando a ela antes que pudesse ser desmascarado, um intruso cuja natureza permanece tão misteriosa hoje quanto 40 anos atrás.

Só um racionalista convicto, que despreza o que não cabe na sua visão de mundo, poderia negar a força reveladora desse evento, classificando-o como uma "mera coincidência". Esse tipo de atitude, o desprezo sumário pelo que não se encaixa numa visão pessoal de mundo, me parece mais um sintoma de medo do que de convicção, feito o avestruz, que prefere enterrar a cabeça na areia do que encarar o que está bem à sua frente. (Atenção: avestruzes de verdade não enterram a cabeça na areia quando têm medo!)

Para essas pessoas, a alternativa é aterrorizante: aceitar o mistério, aceitar que existem coisas além do alcance da razão, coisas inexplicáveis.

Por outro lado, será que é possível aceitar o mistério e, ao mesmo tempo, buscar por explicações racionais do mundo natural? É possível, e mais fácil do que parece. Explorar ambos os caminhos, nos inspirando pelo mistério enquanto a razão ilumina o que está pela frente, dá sentido à nossa busca, às nossas vidas.

A sedução do mistério

A verdade é que eu era um adolescente bastante místico, apaixonado pelos mistérios do mundo. Hoje a paixão continua, mesmo que o misticismo da minha juventude tenha se transformado numa conexão profundamente espiritual com a Natureza. Nisso, vejo que estou em excelente companhia. Por exemplo, Einstein: "A experiência mais bela que podemos ter, a emoção fundamental que inspira as criações mais significativas da arte e da ciência, é nossa atração pelo mistério. Aquele que a desconhece, que não é mais capaz de se maravilhar, está mais morto do que vivo, como uma vela que se apagou." Ou ainda: "Nunca atribuí à Natureza um objetivo ou uma missão, ou algo que possa ser considerado antropomórfico. Vejo a Natureza como uma estrutura magnífica que podemos compreender apenas imperfeitamente, e que inspira um profundo senso de humildade a qualquer pessoa que reflete sobre ela. Essa emoção é genuinamente religiosa, sem ter nada a ver com o misticismo."

Mesmo que, na época, já visse a física como uma carreira possível no futuro, meu encontro com a bruxa de Copacabana ameaçou minha crença numa explicação da realidade baseada exclusivamente na razão. Isso foi muito bom. Nada melhor para um jovem com aspiração de ser cientista do que ser forçado a entender de cara que devemos confiar na razão como guia, mas não exclusivamente. O Universo é racional, mas sendo uma "estrutura magnífica que podemos compreender apenas imperfeitamente", nosso pensamento não pode abrangê-lo em sua totalidade. O desconhecido e o incognoscível coexistem. Reconheço que estava confuso. Escolhi a física para poder passar a vida engajado com o mistério. Talvez o que muitos chamam de sobrenatural seja apenas um outro aspecto da realidade além da nossa compreensão, esperando para ser explorado pelos métodos da ciência.

Isso não é tão louco quanto parece. No decorrer da história, vários cientistas famosos tentaram usar a ciência para desvendar os mistérios do além. Na Inglaterra do final do século XIX, em particular, a lista inclui grandes físicos como Lord Rayleigh, que explicou a cor do céu, J. J. Thomson, descobridor do elétron, e William Ramsay, Sir Oliver Lodge e Sir William Crookes. A telepatia, a telecinesia (mover objetos com o poder da mente, como a "força" em *Guerra nas estrelas*), fantasmas e comunicações com os espíritos, todos esses "fenômenos" foram investigados seriamente por esses cientistas. Na virada do século XX, participar de uma sessão com um médium era um programa popular. Cheias de esperança, as pessoas se fechavam em salas iluminadas à luz de velas para contatar pessoas queridas, buscando por alguma mensagem do além, algo que as conectasse com o mundo dos mortos.

Como seria bom se nossas curtas vidas fossem apenas uma mera fração de nossa existência, que se perpetuaria além do tempo; se a morte fosse apenas uma passagem para uma outra dimensão do ser; se nossa essência individual fosse imortal... Como não se deixar seduzir por tal possibilidade? Se ondas eletromagnéticas, invisíveis e impalpáveis como fantasmas, enchem o espaço, o que mais poderia existir nesse domínio etéreo, paralelo à nossa percepção da realidade? Mesmo que hoje a crença em espíritos do além seja profundamente suspeita, a maioria das pessoas no mundo acredita em algum tipo de espiritismo, seja ele parte de uma religião organizada ou não. No Brasil, por exemplo, o kardecismo — a doutrina espírita baseada na obra de Allan Kardec — conta com milhões de adeptos. Tenho vários amigos cientistas que se proclamam espíritas sem ver qualquer conflito entre sua ciência e sua crença num mundo do além.

Como outro exemplo, considere a cultura da Nova Era, que usa conceitos como "curas quânticas", o "poder dos cristais", as "auras", a reencarnação etc. Ideias científicas são usadas fora de contexto para dar credibilidade a práticas duvidosas, sem qualquer validação empírica tradicional. Para minha cabeça de adolescente, cheia de energia e questionamentos sobre a vida, o mistério me chamava, e a ciência era o caminho mais seguro em direção ao desconhecido. Queria acreditar; mas não ser enganado.

Se vivemos num mundo assombrado por demônios, precisamos tentar separar o verdadeiro do falso, o mistério legítimo de fabricações oportunistas. Entrei na Igreja da Ciência, sabendo que é sempre bom deixar uma janela aberta.

Durante muitos anos após o incidente das garrafas, fiquei na dúvida entre o ateísmo e o agnosticismo. Hoje, me professo como agnóstico. O ateísmo extremo — mesmo que provavelmente correto em sua suposição essencial — peca pelo excesso de dogmatismo em sua rejeição absoluta de Deus. Essencialmente, *o ateísmo é uma crença na não crença*, o que considero uma contradição, inconsistente com o método científico. A não existência de Deus não é uma questão que podemos decidir empiricamente, como argumentou recentemente o filósofo francês André Comte-Sponville em seu belo *Little Book of Atheist Spirituality* [*Pequeno livro da espiritualidade ateia*]. "A ausência de evidência não é evidência de ausência", escreveu o astrônomo Carl Sagan em relação à existência de seres extraterrestres. Esse é um ponto essencial que, muitas vezes, é esquecido pelos ateus: é cientificamente errado usar a falta de evidência de algo como *prova* de sua não existência, seja lá o que for. No máximo, podemos afirmar que a falta de evidência que temos em mãos indica que esse algo não existe.

Imagino que, a essa altura, meus leitores ateus estejam querendo queimar este livro. Peço-lhes que, por favor, respirem fundo e continuem lendo.

Meu treinamento em ciência, e mais as experiências que acumulei na vida até agora não me deixam alternativa. Não vejo razão para acreditar em Deus ou na existência da alma. Por outro lado, não posso negar *absolutamente* a possibilidade de que existam. A porta tem que ficar entreaberta. Posso imaginar alguns de meus amigos religiosos sacudindo a cabeça: "Mesmo depois de ter vivenciado esse evento profundamente misterioso, o Marcelo continua preso pela razão. Que patético!" E posso imaginar, também, a condenação dos meus amigos ateus: "Que espécie de ser racional pode acreditar nesses contos de fada das religiões, culpados por terríveis guerras e destruições ao longo da história?"

Deixem-me esclarecer. Agnóstico: aquele que não acredita numa entidade sobrenatural, mas que não nega categoricamente a possibilidade de sua existência. Esse é um agnosticismo moderado, mais leve do que a posição conhecida como *agnosticismo forte*, que afirma que não é possível conhecer qualquer aspecto que seja da existência de Deus ou de qualquer fenômeno além do mundo material. Na minha opinião, quando analisada sob o prisma da ciência, essa posição também é dogmática. Afirmar que *nunca* poderemos conhecer algo sobre algum tópico, qualquer que seja, é um tanto perigoso, como nos mostra a história da ciência. O que, hoje, pode estar além do que chamamos de fenômenos materiais, no futuro pode ter uma explicação perfeitamente material. Afinal, as fronteiras do que chamamos de material crescem sempre. Por exemplo, no momento, estamos cercados por misteriosos "materiais escuros". Usando a nomenclatura do escritor inglês Philip Pullman, a matéria escura e a energia escura são substâncias cósmicas de composição desconhecida. O que são essas substâncias que dominam a dinâmica do cosmo? Não sabemos e, poucas décadas atrás, nem suspeitávamos que existissem!*

Eis um exemplo da física que parece desafiar qualquer esforço racional de interpretação: o chamado emaranhamento quântico. Trata-se de uma propriedade de certos sistemas quânticos tão exótica que Einstein batizou-a de "ação à distância fantasmagórica". O estranho aqui é que esse emaranhamento parece implicar que a velocidade da luz não é a velocidade limite na Natureza. Dois objetos quânticos (elétrons, fótons, outras partículas quânticas), mesmo quando separados por enormes distâncias,

---

* A existência da matéria escura foi conjecturada pelo astrônomo suíço-americano Fritz Zwicky na década de 1930. Zwicky mapeou o movimento de galáxias em aglomerados contendo muitas delas, e notou que suas velocidades eram bem maiores do que se fossem atraídas apenas pela matéria visível nesses aglomerados. Sugeriu que mais matéria existisse, e que fosse invisível. Hoje, sabemos que essa matéria existe e que não é composta de partículas normais, como elétrons ou prótons. Sua composição permanece desconhecida.

parecem responder à presença um do outro instantaneamente (ao menos mais rápido do que a velocidade da luz), comportando-se como se fossem uma única entidade.

Uma ilustração concreta pode ser útil. Dois irmãos gêmeos têm apenas duas blusas, uma verde e outra amarela. Um vive nos Estados Unidos, e o outro, no Brasil. Todos os dias, os gêmeos se vestem exatamente na mesma hora para ir ao trabalho. O estranho é que *sempre* escolhem cores diferentes: se um escolhe a blusa verde, o outro escolhe a amarela, e vice-versa. Instantaneamente, sem se comunicar. Como que um sabe o que o outro vai vestir? É isso que as partículas emaranhadas fazem. De certa forma, o emaranhamento quântico parece ignorar tanto o espaço quanto o tempo, já que o fenômeno ocorre instantaneamente quando as partículas estão separadas por 1 metro ou por mil quilômetros.*

Interações desse tipo são chamadas de "não locais", pois parecem ocorrer sem uma causa que atue num certo ponto do espaço (uma causa local). Isso vai contra nossa intuição, que nos diz que todo efeito tem uma causa, como quando chutamos uma bola para movê-la. Embora sistemas quânticos emaranhados sejam rotineiramente usados em várias aplicações práticas, desde a transferência segura de fundos bancários até os primeiros protótipos de computadores quânticos (um novo tipo de computador com arquitetura radicalmente diferente da que temos hoje), continuamos sem saber interpretar o que ocorre, tão assombrados quanto Einstein estava oitenta anos atrás.

Como afirmou Thomas Huxley, o criador da palavra "agnóstico", em 1860: "Não afirmo nem nego a imortalidade do homem. Não vejo qualquer razão para acreditar nela; por outro lado, também não tenho meios de refutá-la... Se tiver uma centelha de evidência, estou pronto para mudar de ideia." Na minha opinião, essa forma mais amena de agnosticismo, compartilhada também pelo filósofo Bertrand Russell, é a única rigorosamente de acordo

---

* Não podemos nos certificar se algo ocorreu *instantaneamente*, já que nenhuma medida de tempo pode ter precisão infinita. Podemos, no máximo, determinar que o fenômeno ocorreu mais rápido do que a velocidade da luz, o que já é bem surpreendente.

com o método científico. O conhecimento concreto do mundo vem do que podemos medir dele. O resto é conjectura. Dado que nossas medidas e observações da realidade são necessariamente limitadas, o que podemos conhecer dela também é necessariamente limitado. Não vemos átomos ou elétrons diretamente, mas podemos inferir sua existência a partir dos sinais que vemos nos nossos detectores. Existe um enorme vão entre o seu domínio de atuação — as distâncias atômicas e subatômicas — e o nosso. Construímos essas entidades para dar sentido ao que podemos medir. O que é um elétron, exatamente, não sabemos.

Ademais, a grande maioria de nossas medidas são interpretadas estatisticamente e devem, portanto, ser analisadas com muito cuidado. Para uma ilustração concreta de como isso funciona na prática, considere como físicos determinam se uma partícula "existe". Não podemos ver um próton, um elétron ou um bóson de Higgs. Inferimos que essas partículas existem através dos dados que coletamos em experimentos desenhados para achá-las. A descoberta do bóson de Higgs, por exemplo, foi anunciada no Centro Europeu de Pesquisa Nuclear (CERN), no dia 4 de julho de 2012. Sinais foram coletados em dois detectores gigantescos, que essencialmente funcionam como microscópios ultrapoderosos. Os sinais são vistos em gráficos, identificados como pequenos excessos (como picos numa cadeia de montanhas) dentro de uma curva que descreve a energia e a frequência das colisões entre certas partículas. De forma a associar esses excessos nos dados com uma partícula real, a probabilidade de que eles não possam ser explicados de outra forma deve ser menor do que uma em 3,5 milhões, o que, em estatística, é chamado de "desvio de 5-sigma".* Para declarar a existência do bóson de Higgs, os cientistas tiveram que analisar com extrema cautela a variação estatística de seus dados, incluindo erros causados por flutuações no funcionamento dos detectores. Apenas após essa análise, que inclui debates entre os milhares de cientistas envolvidos

---

* O "sigma" aqui é a letra grega que denota desvio padrão, o desvio da média em uma coleção de dados. Numa curva com os dados em forma de sino, 68% dos dados estão a 1-sigma da média, 95%, a 2-sigma, e assim por diante. Portanto, quanto maior o número de desvios padrões da média, mais raro é o evento.

no experimento, é que a descoberta de uma nova partícula de matéria é anunciada publicamente. É de se esperar que nem sempre o consenso seja unânime. De fato, a unanimidade é rara. Mesmo quando a evidência é forte, declarar que algo que nunca foi visto é real não é fácil.

Será que isso significa que não devemos confiar nos cientistas? Devemos. Ao menos, mais do que nos pescadores.

Uma decisão científica nunca é final. Não existe o "caso encerrado". Como a ciência é um esforço humano para descrever a realidade natural, ela depende da continuidade de nossas pesquisas, de dados novos obtidos em experimentos sempre mais detalhados. (Ao menos, se o financiamento continua.) Muitas vezes, esses experimentos levam a surpresas, que forçam revisões em nossas teorias. Isso é muito bom, pois é assim que o conhecimento avança. Uma descoberta científica é uma decisão baseada no consenso coletivo. No dia em que escrevia essas linhas na versão em inglês deste livro (10 de novembro de 2014), um artigo técnico foi publicado no jornal *Physical Review D* (onde a maioria de meus artigos foi publicada), argumentando que a descoberta feita no CERN não confirma necessariamente a existência do bóson de Higgs previsto por teorias desenvolvidas na década de 1960. Os autores do artigo argumentam que os dados também são consistentes com outra explicação, onde o bóson de Higgs é composto por partículas menores chamadas "techni-quarks". "Os dados atuais não são suficientes para determinarmos exatamente que partícula foi encontrada", declarou o físico Mads Toudal Frandsen em uma entrevista. "Podemos imaginar outras partículas com as mesmas propriedades." Portanto, algo de novo foi achado, mas ainda não temos certeza do que é. Quando editei esse texto, em março de 2016, as dúvidas ainda persistiam. Apenas com mais dados poderemos resolvê-las, algo que deve ocorrer ao fim de 2016, portanto, perto do lançamento deste livro.

Se o conhecimento é uma luz, está cercado por trevas. Ou, como dizia o filósofo francês Bernard le Bovier de Fontenelle no final do século XVII, "nossa filosofia [leia "ciência"] é resultado de duas coisas apenas: curiosidade e miopia". Queremos ver mais do que podemos. Sabemos menos do que gostaríamos. Muito do conhecimento humano resulta da tensão criativa entre o querer e o não poder. Como não podemos prever tudo sobre o futuro, não podemos saber tudo o que pode acontecer. No Oceano do Desconhecido, nos perdemos após alguns poucos passos. Por isso que é importante manter a cabeça aberta e a razão alerta.

Voltando ao agnosticismo: se, um dia, presenciar ou receber evidência concreta da existência de causas sobrenaturais ou de seres fantasmagóricos ou da imortalidade da alma, serei o primeiro a mudar de ideia, como o faria também Thomas Huxley. (Imagino que a maioria dos ateus mais lúcidos concordem.) Cabeça aberta e razão alerta.

Entretanto, existe uma questão que considero essencial na discussão do que significa "presenciar" um evento sobrenatural. Qualquer manifestação do "outro mundo" que ocorre *nesse* mundo — o mundo da nossa percepção sensorial — torna-se imediatamente parte deste, isto é, parte da nossa realidade material. Se vemos, ouvimos ou cheiramos algo é porque houve uma troca física direta entre esse algo e nossos órgãos sensoriais. Para que tenha havido uma detecção qualquer, o "algo" enviou informação que nosso cérebro ou instrumentos capturaram, seja através da luz, do som, do tato, do cheiro. *Um fantasma que é visto não é mais um fantasma*, e sim parte da nossa realidade observável! Sendo assim, deve ser possível, ao menos em princípio, descrever suas propriedades científicas. Essa questão paradoxal parece impedir qualquer tipo de contato físico com uma realidade sobrenatural paralela à nossa. Caso haja o contato, o sobrenatural seria perfeitamente natural, e, portanto, parte da nossa realidade. Com isso, é impossível termos evidência física do sobrenatural, a menos que abandonemos a noção de que pertença a um domínio paralelo e inacessível ao nosso. A solução é considerar o sobrenatural parte do natural, mesmo que habitando uma região inóspita no Oceano do Desconhecido.

Aqueles que acreditam no sobrenatural questionariam o uso acima da expressão "evidência concreta". Afinal, o que significa ter "evidência concreta" de algum fenômeno? Defino como evidência concreta qualquer evidência que não dependa de alguma experiência subjetiva, de relatos individuais, ou de visões de natureza suspeita, como aquelas induzidas por algum tipo de transe ou ritual, ou após longos períodos de isolamento social completo. Uma evidência que outros possam verificar, e que, ao menos em princípio, seja repetível. Segundo esse prisma, minha experiência com a bruxa de Copacabana, por ter sido um evento isolado, não seria qualificável como evidência concreta do sobrenatural. Se Maria pudesse repetir o feito, e eu estivesse lá para presenciá-lo, aí sim teria que conceder que, de fato, fui testemunha da ação de poderes misteriosos muito além do conhecido. (E iria estudá-los imediatamente.)

Infelizmente, esses fenômenos estranhos nunca parecem ocorrer duas vezes. Fantasmas desaparecem quando cientistas trazem equipamentos científicos para as casas "mal-assombradas". Nenhuma pessoa morta voltou ao mundo dos vivos para contar sobre o além de forma convincente, sem sombras, sussurros, médiuns e ambientes que induzam visões e emoções fortes. Por muitos anos tentei acreditar nisso tudo, apaixonado pelo mundo do além. A morte me fascinava. Quando ainda era aquele menino pescador, passava horas acordado no meio da noite, afoito e aflito, tentando "ver" minha mãe, que morreu quando tinha 6 anos. Ficava esperando por um sinal, por menor que fosse, algo que revelasse que ainda sabia de mim, que ainda ligava para mim, que me amava. O vazio emocional que deixou jamais foi preenchido, não poderia ter sido. Vejo como meus cinco filhos hoje são emocionalmente ligados às suas mães, e me pergunto como sobrevivi a tal perda. Para os meus amigos, especialmente os pais deles, era o "coitadinho que não tinha mãe", o menino marcado pela tragédia. Às vezes, meu desespero era tal que jurava que via seu fantasma. Lá estava ela, pálida e translúcida, flutuando ao fundo do corredor com seu véu branco, gesticulando para que me aproximasse. Mas quando chegava perto, hipnotizado pelo medo, quase que paralisado de emoção, a visão evanescia, como um arco-íris feito de esperança.

Existe muita desonestidade no mundo, muitos oportunistas que sabem como se aproveitar da necessidade que as pessoas têm de acreditar no misterioso. Quem não gostaria de saber se vivemos para sempre, se essa vida é apenas um episódio numa sucessão de existências? Ou se o céu e o inferno existem? Ou Deus? Eu me incluo na lista. Mas a evidência para algo tão importante tem que ser concreta, e não algo obviamente fabricado ou muito suspeito. Como afirmou o grande físico norte-americano Richard Feynman: "Eu posso viver com a dúvida, com a incerteza, com o não saber. Acho muito mais interessante viver com o não saber do que ter respostas que provavelmente estão erradas." As consequências são muito preciosas para nos deixarmos enganar.

Entendo por que tantos acreditam. Quando nos deparamos com o desconhecido, temos essencialmente duas opções: acreditar na existência do sobrenatural ou exigir provas de sua existência. Tentei ambas e escolhi a segunda. A maioria das pessoas opta por acreditar. Nos Estados Unidos, são mais de dois terços da população. No Brasil, provavelmente mais. Para os que têm fé, a prova é desnecessária; pelo contrário, ela destrói a fé. Afinal, a fé vem da crença naquilo que não sabemos existir. Escuto argumentos como "você não pode medir o amor, mas ele existe", ou "você verá que Deus está dentro de você quando abrir seu coração para ele". Se chamamos Deus de amor, sim, sinto sua presença sempre: a cada vez que entro no rio, água pela cintura, vara de pesca na mão; quando olho para meus filhos (especialmente quando estão dormindo); quando vejo uma noite deslumbrante, o céu explodindo de estrelas; quando corro numa trilha solitária, cercado de árvores. Mas não vejo por que precisamos associar a emoção do amor a Deus. Para mim, chamar essa emoção de amor já basta. É um fenômeno perfeitamente natural, que nada tem de sobrenatural. Aliás, é algo que o mundo precisa, e muito, agora.

E assim, concluí que existe uma terceira opção. Dado que estamos cercados pelo desconhecido, devemos aceitar o simples fato de que nem todas as perguntas que podemos fazer serão respondidas. Certamente, não pela ciência. Isso não significa que devemos desistir de tentar respondê-las, nada disso. Não estou pregando a derrota da razão humana. Afinal, apenas *tentando* entender é que sabemos o quanto *podemos* entender. Alguns desses desconhecidos serão desvendados no futuro; outros, não. Com a Ilha do Conhecimento crescendo, com certeza surgirão novos desconhecidos. O que fazer então com aqueles desconhecidos que permanecem intransponíveis? Para mim, a escolha é simples. Tal como Einstein e Feynman, devemos abraçar o não saber, aceitando com humildade o simples fato de que nosso conhecimento do mundo, por mais incrível e abrangente que seja, será sempre incompleto.

Sei que isso não é fácil. Mesmo Einstein — que intelectualmente, ao menos, aceitou a incompletude do saber — não pôde aceitar emocionalmente que a incerteza da mecânica quântica fosse um aspecto incognoscível da realidade.

Queremos luz, sempre mais luz, mas temos também que aceitar que sempre haverá sombra. Quanto mais forte a luz, mais densa a sombra que projeta. Essa escolha — baseada na complementaridade entre o saber e o não saber, na paixão da criatividade e na humildade de aceitar nossos limites — me inspira constantemente a querer saber mais. Nessa busca sem fim encontro a paz.

Uma linha ligando dois mundos

Voltando à pescaria no Distrito dos Lagos, com meu guia Jeremy ao volante, continuamos subindo os montes Peninos. Os campos ficando cada vez mais austeros, a estrada, cada vez mais estreita. As ovelhas continuavam pastando nas colinas, mesmo se agora mais escassas.

"Ali! Você já pode vê-lo atrás dessa encosta à nossa frente, o reservatório Vaca Verde", (do inglês *Cow Green*).

Boquiaberto, achei que tinha deixado nosso planeta para trás. Um lago enorme, de aproximadamente 3 quilômetros de extensão, suas águas profundamente escuras, surgiu como que do nada. Não é à toa que é nessa região que contam lendas de uma criatura chamada Eachy, um primo não tão distante do Monstro da Lagoa Negra. Não avistei outra alma ou árvore que fosse. As colinas emoldurando o lago pareciam as costas encurvadas de gigantes, segurando precariamente o céu cinza-chumbo. As nuvens pareciam querer fugir afoitas, apenas para dar lugar a outras. A borda do lago era circundada por pedras, demarcando a fronteira entre dois mundos: o nosso, familiar, e o das trutas, invisível, frio, inóspito.

"Estranho esse nome, Vaca Verde", disse Jeremy. "Não tem nenhuma vaca, e de verde não vejo nada também."

"É verdade", murmurei, tentando esconder minha hesitação. O vento, como era de se esperar, resolveu tomar fôlego. Além das chuvas, nada pior para a pesca fly do que ventos fortes.

"Esse vento vai dificultar um pouco as coisas", disse Jeremy. "Mas não se preocupe. Vou ensinar a você lançar a linha contra o vento."

Genial, pensei. Minha primeira expedição guiada e tenho um desafio pela frente. Mas não podia perder a motivação. Afinal, estava lá. Abrace o desafio, repeti para mim mesmo, use ele como motivação. É assim que aprendemos, quando enfrentamos a dificuldade.

Jeremy me passou um par de calças impermeáveis com botas já coladas ao fim delas, e uma vara peso-5 de 2,80 metros de comprimento. Com uma destreza inacreditável, preparou duas iscas ao fim da linha, a menor delas amarrada no anzol da maior.

"Essa técnica é muito útil", disse Jeremy, "dobramos a chance de acertar o que os peixes estão comendo no momento. Vou usar essas ninfas negras de tamanhos diferentes. Sempre funcionam por aqui."

Fiquei olhando para as iscas, minúsculas, me perguntando como que as trutas podiam ver uma coisa dessas em meio às águas tão turvas. Como se pudéssemos ver mosquitos num quarto escuro.

Andei até a beira e entrei timidamente na água escura. Ao menos, éramos só eu e meu guia. Ondas cortavam a superfície do lago, carregadas pelo vento, que ia ficando mais forte. A temperatura caía a cada minuto. Olhei para as colinas ao longe, me perguntando por quanto tempo os gigantes iam conseguir segurar o céu antes que desabasse sobre nossas cabeças.

"Não precisa ir fundo. As trutas estão perto da beira."

Lancei a linha. Desastre total. Lancei de novo. Também bastante ruim. A vara me parecia leve demais, o vento carregava a linha para o lado, e a segunda isca acabava emaranhada na linha, complicando ainda mais as coisas.

"Marcelo, lance contra o vento com força. Segure a vara com o polegar apontando para cima, não o indicador. Acelere a vara no movimento para baixo, depois que ela passar da sua cabeça." Polegar para cima. Mas claro! Por que ninguém me disse isso antes? Acelerar a vara? Sim, para controlar o efeito do vento.

Começo a lançar um pouco melhor. Tento algumas vezes, mas nada de peixe. "Cheio de trutas?", resmungo.

"Ok, vamos para aquelas pedras ali à esquerda", disse Jeremy, como se lesse meus pensamentos.

Continuo lançando mal, mas a linha ao menos segue o seu curso. Com a prática, meus movimentos vão ficando mais naturais, o lançamento, mais elegante.

De repente, sinto uma vibração, como se uma corrente elétrica sacudisse a vara. Fisguei minha primeira truta. E agora? Entro em pânico. Metros de linha flutuavam na água, totalmente abandonados. Quando finalmente consegui organizar a linha e comecei a trazê-la de volta, a truta já estava em casa, tirando uma soneca.

Vi Jeremy a distância, sorrindo como os mestres mais generosos sorriem quando veem seus discípulos lutando para aprender.

"Marcelo, você precisa cuidar da sua linha. Sempre deve recolhê-la logo após o lançamento, mantê-la firme, esticada. Qualquer folga nela, e a truta sacode a cabeça e escapa do anzol."

Pratiquei algumas vezes, usando o dedo indicador como guia para organizar o fluxo da linha. Funcionou. Pelo menos, agora sabia que essas águas escuras escondem trutas de verdade. Meu coração batia apressado. Entendi o quanto tinha para aprender, o quanto estava longe daquele almejado estado de graça, quando você, a água e o ato de pescar são um só. Mesmo assim, pela primeira vez, vi que esse estado de graça existe e que pode ser alcançado. Um dia, talvez.

Poucas atividades ensinam a humildade como o aprendizado da pesca fly. Sei que mencionei isso antes, mas é bom repetir. Dentre a escolha da isca, o lançamento, o posicionamento da vara, o controle da linha, parece impossível manter tudo em xeque. Fora isso, temos as variáveis locais, como a direção e força do vento, o movimento da correnteza e a profundidade da água, árvores em torno, troncos submersos, pedras e outros obstáculos... Tentamos penetrar num mundo alienígena, sem termos acesso direto. Tudo o que temos é uma linha ligando dois mundos, a ponte entre a nossa realidade saturada de oxigênio e o domínio obscuro das águas. Um bom pescador é um ser híbrido, capaz de coexistir nesses dois mundos, de prever o que os peixes estão fazendo, onde se escondem, o que estão comendo etc. Nada fácil, mas, quando feito com sucesso, muito gratificante.

Dou uma parada para olhar em torno. A beleza austera do lugar inspira uma solidão profunda, um convite à introspecção. Infelizmente, meu momento sublime é interrompido por uma sensação desagradável, líquida e fria. Um pequeno furo na calça impermeável, grande o suficiente para que a água gélida do lago inundasse minhas botas em segundos. Começo a tremer.

"Não lance contra o vento. Lance na diagonal", instrui Jeremy da beira.

Quase que imediatamente, sinto outro choque elétrico. Só que, dessa vez, minha linha estava firme entre meus dedos. A pequena truta salta da água e se contorce no ar, tentando se livrar do anzol. Recolhendo a linha com cuidado, aos poucos vou trazendo a criatura para perto, minha primeira truta no Distrito dos Lagos. Pequenina, não mais do que 22 centímetros, porém belíssima, de um tom marrom-dourado, com pintas vermelhas ao longo do corpo forte e saudável. O menino, que a tudo via, sorriu de longe. Peguei a truta com pressa de soltá-la.

"Espere!", gritou Jeremy, correndo ao meu encontro. "Temos que tirar uma foto, registrar esse momento." Meu mentor sorriu, aliviado, com a câmera na mão. "Ok, continue seguindo a beira do lago, sem lançar no mesmo local. As trutas-marrons raramente dão uma segunda chance."

Terminei o dia capturando duas trutas, perdendo quatro, feliz, molhado e tremendo de frio. Aprendi muito. Não só várias técnicas da pesca fly, como também sobre como resistir ao desconforto, ao cansaço, às condições desfavoráveis. Aprendi que temos muito mais força dentro de nós do que nos damos conta. E que tinha muito ainda a aprender. Exatamente o que precisava.

O caminho do coração

Sempre gostei de desafios. Nada melhor do que a satisfação que vem após uma longa conquista. Todo pescador sabe disso; todo atleta sabe disso; todo cientista sabe disso. Aqueles que compartilham desse segredo ficam meio que viciados, querendo mais desafios e mais endorfina. Não é pegar o peixe, ganhar a corrida, ou descobrir algo de importante, mesmo que essas coisas sejam, claro, muito gratificantes. É abraçar o desafio e viver num estado emocional que inspira quase tudo o que você faz. É ser um guerreiro da luz.

Quando tinha 12 anos, comecei a jogar vôlei no Rio. Tudo o que queria era ser um bom jogador, num dos times disputando o campeonato carioca. Foi uma luta. No início, minha intimidade com a bola era inexistente. Meus colegas de time zombavam de mim continuamente. Ganhei até o apelido de "pato-aranha", resultado do movimento estranho que fazia com a mão esquerda quando ia dar uma cortada (meio que como uma asa batendo, daí o "pato") e minha propensão de abraçar a rede (daí o "aranha"). Felizmente, a convivência com meus dois irmãos mais velhos havia me vacinado contra abusos verbais. Minha resposta a isso tudo foi aumentar o ritmo dos treinos. Ia ao clube seis vezes por semana, incluindo terças e quintas com as meninas, o que rendeu bons dividendos paralelos.

Após dois anos duros e muita humilhação, melhorei. Nunca fui o melhor do time, mas não me importava. O que importava é que estava na equipe, jogando, ganhando, perdendo, levando broncas épicas do meu técnico, Carlos Reinaldo Pereira Souto, um major do exército que, hoje entendo, foi um mentor para o resto da vida, nos ensinando a lutar pelo que julgamos valer a pena. No caso, lutar pela vitória. Tenho enorme respeito e carinho pelo Souto, hoje presidente da Federação de Vôlei do Rio de Janeiro, uma figura legendária na história do vôlei no Brasil.

Para nos preparar para o campeonato, Souto nos inscreveu na divisão juvenil para jogarmos com rapazes bem mais velhos e fortes. Perdemos quase todos os jogos, às vezes de forma humilhante. Levamos muita bolada. Mas quando chegou a hora de jogarmos na nossa divisão, infantojuvenil, éramos um time sólido, experiente, com sede de vitória. Ganhamos o campeonato carioca dois anos seguidos, raramente perdendo um jogo. Com 15 anos, fui escalado para a seleção carioca, disputando o campeonato brasileiro infantojuvenil. O "pato-aranha" ia defender seu estado em competição nacional, com um salto vertical de 97 centímetros. Nosso levantador era o Bernardo Rezende, o famoso Bernardinho, que se tornaria o técnico mais bem-sucedido da história do voleibol mundial, amigo querido até hoje. Ganhamos o campeonato brasileiro vencendo o São Paulo por 3 a 2, após estar perdendo de 2 a 0. Nosso técnico, o genial Roberto de Freitas, o Bebeto, é outra figura legendária do vôlei nacional.

Carrego comigo memórias inesquecíveis dos meus anos como jogador de vôlei, lições para toda a vida.

A decisão de ser físico também foi um desafio. Como que alguém decide ser físico? Por que *eu* escolhi essa carreira? O que, afinal, significa "ser físico"? Todo mundo sabe o que significa ser médico, advogado, engenheiro, policial, trabalhar no mercado de capitais ou num banco. Até mesmo químicos ou biólogos, já que podem trabalhar na indústria farmacêutica e várias outras, desenvolvendo aplicações práticas reconhecíveis. Mas um físico, o que faz?

O objetivo mais fundamental da física é descobrir as leis da Natureza. Fazemos isso através do estudo do comportamento e das propriedades da matéria em todos os seus arranjos, das partículas subatômicas, diferentes materiais e fluidos até sistemas biológicos, estrelas e o Universo como um todo. Muitos físicos lecionam em níveis diversos, no ensino médio e em universidades. A maioria trabalha com pesquisa aplicada, no desenvolvimento de tecnologias digitais (por exemplo, o chip de seu computador), de novos materiais e na indústria aeroespacial, ou em empresas de consultoria e finanças, desenvolvendo modelos de risco no mercado de capitais. (Muitos de meus estudantes de doutorado trabalham nessa área, algo muito comum nos EUA e que está começando no Brasil.) Alguns trabalham em laboratórios do governo dedicados à defesa e indústria bélica. Existem muitos empregos para físicos na indústria aplicada, alguns na linha divisória entre física e engenharia. É verdade que nos EUA e Europa esses empregos são mais comuns, mas no Brasil, também, a tendência é reconhecer cada vez mais o talento dos físicos como modeladores e estrategistas no mercado de trabalho.

Esses empregos são muito interessantes, mas, quando adolescente, não era o que tinha em mente quando pensava em ser físico. Pensava nos grandes nomes, Einstein, Bohr, Newton — os pioneiros, os gênios visionários que, essencialmente, definiram como pensamos sobre o mundo natural e, através dos vários produtos que resultaram de suas ideias (por exemplo, toda a indústria digital), como vivemos nossas vidas. Essa era a física que me interessava: teoria, questões fundamentais sobre a Natureza, a ciência que revela os mistérios do Universo e da existência.

Meu pai não perdeu tempo em tentar me dissuadir. Quando anunciei, aos 17 anos, que queria ser físico, sua reação foi firme:

"Você enlouqueceu? Você já viu um físico de verdade? Além do mais, quem vai pagar para você contar estrelas?"

"Mas pai, físicos não cont..."

"Vivemos no Brasil, e não na Inglaterra ou nos Estados Unidos! O Brasil precisa de engenheiros. E você precisa de uma profissão de verdade, e não de sonhos. Vai fazer engenharia!"

Acabei cedendo. Confuso, meio sem saber o que fazer exatamente, me matriculei no curso de engenharia química da Universidade Federal do Rio de Janeiro. Ao menos, poderia dar um enfoque mais científico à minha carreira de engenheiro, imaginei. Mas não demorei muito para ver que não ia dar certo. Minha performance nas provas práticas do laboratório de química foi consistentemente medíocre. Teria repetido o curso se não fosse pela parte teórica na média final. Passei raspando. Já os cursos de cálculo e de física eram bem mais fáceis e interessantes. Sabia que tinha que fazer algo, com ou sem a bênção do meu pai.

No início do segundo ano, ganhei uma bolsa de iniciação científica do CNPq, o Conselho Nacional de Pesquisas, para estudar teoria da relatividade especial com um professor do departamento de física.* Em menos de um mês de bolsa, sabia que não tinha como voltar atrás. Completei o segundo ano de engenharia e me transferi para o curso de física da Pontifícia Universidade Católica do Rio, a PUC-RJ, na época o melhor do país. Posso afirmar que a formação que tive lá foi tão boa quanto a oferecida nas melhores universidades do mundo. Mas a decisão de mudar de carreira foi muito difícil, mesmo se hoje entendo que tenha sido a melhor decisão da minha vida. Mais uma vez, estava diante de um oceano desconhecido, misterioso e assustador, que escondia os segredos do meu futuro.

Será que era "bom" o suficiente? Onde me via no futuro? As palavras do meu pai ecoavam na minha cabeça, aumentando minha insegurança. E se ele estivesse certo? Quem iria me pagar para contar estrelas? Na época, início da década de 1980, pouco se sabia sobre a profissão de físico no Brasil. Como construir uma carreira de cientista aqui? A única opção para um físico parecia ser a de professor universitário. A competição pelas poucas posições era ferrenha.

Por outro lado, sabia que não tinha jeito. Se escolhesse outra profissão, seria infeliz pelo resto da vida. Tinha que tentar, seguir meu instinto, mesmo com as enormes dificuldades e o futuro incerto. Tinha que arriscar, mesmo não sendo Einstein ou Bohr. O importante é que seguia meu coração, tentava viver meu sonho.

Apenas após tomar a decisão de mudar de curso é que respirei em paz. Se as escolhas que fazemos na vida fossem sempre fáceis e confortáveis, a vida seria sempre fácil e confortável: uma existência banal, sem desafios, dominada pela rotina. Via como meu pai e seus amigos reclamavam do trabalho, infelizes, fazendo escolhas sob a pressão dos pais ou das circunstâncias. Era isso que significava "crescer", ser um adulto respon-

---

* Esse programa exemplar dá bolsas de estudo para estudantes universitários em diversas áreas, e continua ativo até hoje. O aluno encontra um orientador adequado aos seus interesses e, juntos, desenvolvem um projeto com duração inicial de um ano. A oportunidade de um aprendizado individualizado expondo o estudante ao mundo da pesquisa sob a supervisão de um mentor é preciosa. Foi essencial na minha carreira e na de muitos outros cientistas brasileiros.

sável? Queria paixão, aventura, a incerteza de não saber o que a próxima página da vida traria.

O mesmo ocorre na pesca. Tentamos pegar o peixe grande, sem saber se teremos ou não sucesso. A cada lançamento, nossa esperança é renovada. É bem verdade que, na maioria das vezes, não pegamos nada. O peixe não vem, ou escapa, ou cometemos erros. Porém, com persistência, se aquela inquietude arde no seu coração, mais cedo ou mais tarde colherá resultados. Não necessariamente fisgando aquele peixe tão cobiçado, mas do ato de pescar em si. É ao fazer que crescemos; é ao fazer que vivemos. A cada lançamento, a linha vai mais longe e nos aproximamos um pouco mais da nossa essência. Foi essa descoberta que mudou o meu rumo: o sentido da vida é viver em busca de sentido. É no ato da busca, na experiência do novo e do inesperado, que damos sentido à nossa existência.

2.
São José dos Ausentes, Rio Grande do Sul, Brasil

Aqueles que amam o conhecimento devem se familiarizar com o máximo de detalhes.

Heráclito

Truta tropical

Apesar de viver longe do Brasil há mais de três décadas, visito com frequência. Na maioria das vezes, para dar palestras sobre ciência e cultura dedicadas ao público em geral, se bem que, de vez em quando, também para participar de conferências científicas ou para dar seminários mais técnicos. Infelizmente, ainda são poucos (e louváveis) os cientistas brasileiros que dedicam parte de seu tempo à comunicação com o público. A boa notícia é que o número vem aumentando nos últimos anos.

Por que divulgar a ciência para o público? A razão deveria ser óbvia, mas não é. A ciência pertence à sociedade e é parte integral da nossa cultura. Se lemos livros, vamos ao cinema, ouvimos música e discutimos política, se apreciamos artes e esportes, se praticamos alguma religião ou defendemos uma perspectiva não crente, deveríamos saber dos progressos da ciência e sobre como ela influencia nossas vidas direta e indiretamente. Esse motivo já deveria ser suficiente, dando ao cientista um papel social cuja relevância vai muito além da sua pesquisa, seja ela pura ou aplicada. Basta olhar em torno para ver como a ciência é essencial em nossas vidas, influenciando como vivemos hoje e como viveremos no futuro. Nossa dependência das tecnologias digitais — da telefonia celular, dos aparelhos de GPS, das tecnologias óticas e gráficas, dos diagnósticos na medicina e na odontologia, da interconectividade mundial que temos hoje devido à internet — define a sociedade moderna. Se fecharmos os olhos para as muitas questões científicas que afetam a sociedade moderna — fontes de energia, alternativas e tradicionais; o aquecimento global; o acesso à água; as difíceis questões éticas afetando a pesquisa em genética; a disseminação e os perigos dos armamentos nucleares; os usos e abusos das tecnologias digitais e o futuro da nossa espécie — pagaremos um preço alto no futuro. Pior ainda: serão as nossas crianças que pagarão pelos nossos erros e omissões. Uma sociedade educada cientificamente é uma sociedade capaz de controlar os caminhos de seu próprio futuro.

A educação científica no Brasil e, em proporção menor mas não desprezível, nos Estados Unidos onde leciono, tem sérios desafios pela frente. Dentre os norte-americanos, uma pesquisa recente da Fundação Nacional da Ciência revelou que cerca de um quarto da população não sabe que a Terra gira em torno do Sol, acreditando que seja o Sol que gire em torno da Terra. Cerca de um terço da população americana não aceita a visão científica da evolução das espécies, segundo a qual somos descentes genéticos dos primatas. Não tenho dados similares para o Brasil, mas não acredito que as proporções sejam menores. No Brasil, a cada dez professores de ciências da rede pública, sete não têm sequer um diploma em qualquer das ciências físicas (astronomia, geologia, física, química...). A maioria vem da biologia, da geografia, ou são professores das áreas humanas. Muitos dos que ensinam física não têm a menor afinidade ou interesse pela matéria.

Como então, pergunto, um professor que não tem treino na matéria que ensina ou, pior, não gosta do que ensina, pode inspirar seus alunos, motivando-os a estudar a Natureza? É uma verdadeira tragédia. Os países carentes de um corpo profissional bem treinado de cientistas e engenheiros estão fadados a ser dependentes daqueles que produzem tecnologias, especialmente na era em que vivemos, dominada por tecnologias digitais e pela exploração multifacetada da informação. Ao nível cultural, aqueles que não têm acesso a uma visão científica da Natureza deixam de compartilhar uma das formas mais expressivas da criatividade humana, tão essencial quanto a arte, a literatura e a música em nossa busca por sentido. William Shakespeare, Vincent van Gogh, Graciliano Ramos, Albert Einstein e Santos Dumont deveriam ser parte do currículo de todas as escolas.

O triste é que as crianças adoram ciência. Agem como cientistas instintivamente, misturando e jogando coisas, testando o comportamento de materiais diferentes, experimentando com o mundo, muitas vezes para o desespero de seus pais e professores. Essa fase de curiosidade e experimentação tende a durar até aproximadamente os 12 ou 13 anos, quando a invasão hormonal da puberdade reorienta o interesse dos jovens a questões sexuais. Apesar de sua importância na preservação de nossa espécie, o interesse pelo sexo não deveria excluir o interesse no funcionamento da Natureza. Dá para gostar dos dois, até mesmo reconhecendo o lado natural da sexualidade.

Precisamos de uma mudança de estratégia. A ciência é uma descrição do mundo natural. Para aprendermos como a Natureza funciona, temos que prestar atenção, olhar para o mundo. Mas não é o que acontece. Com raras exceções, as ciências são ensinadas na sala de aula, com as crianças olhando para um quadro-negro ou uma tela de computador, longe da Natureza. Para se interessar pela Natureza, se apaixonar pelo seu estudo, as crianças precisam antes vê-la em ação. Para ensinar com sucesso é preciso despertar a vontade de aprender.

É nos parques, nas florestas, nas praias, nas montanhas e nas praças que podemos observar a incrível gama de transformações, de movimentos, de formas, de conexões que caracterizam a Natureza, das bactérias às galáxias. As crianças precisam conhecer a rica diversidade da vida, como ela depende da energia que flui do Sol até a atmosfera e, de lá, se espalha pelos mares e pela superfície do planeta, criando uma teia de interações que se estende das profundezas dos oceanos aos picos das mais altas montanhas. Precisam testemunhar a interdependência dos sistemas biológicos, químicos e físicos, como trabalham juntos, ignorando nossa compartimentação arbitrária do conhecimento em disciplinas distintas. Antes de estudar ciências na sala de aula, as crianças precisam *vivenciar* ao máximo as várias facetas do mundo natural: observar, para só então desenvolver uma compreensão conceitual.

Em 2006, fui ao Brasil numa viagem especial. A princípio, parecia ser como tantas outras que já havia feito, indo de cidade em cidade para palestrar no lançamento de um livro novo. Só que nessa ocasião, adicionei algo muito diferente. A viagem chegava ao fim, após duas semanas de uma agenda bem puxada. Minha última parada foi em Porto Alegre, para participar da feira do livro, um evento sensacional que se dá ali todos os anos e que atrai multidões.

Para me convencer a dar uma esticada até o Rio Grande do Sul (estado que adoro, aliás), minha anfitriã, me conhecendo bem, me contou da pesca de trutas. "Tira uns dois dias a mais e você não irá se arrepender", disse. Pesca de trutas? Nos trópicos brasileiros? Não acreditei muito, mas minha anfitriã insistiu. E não era só uma mera pesca de trutas num laguinho artificial. Ela falou da pesca de trutas num rio designado *apenas* para a pesca fly! Nunca tinha ouvido falar desse tipo de pescaria no Brasil. Na época, o esporte era conhecido por poucos, principalmente devido ao filme *Nada é para sempre*, dirigido por Robert Redford e estrelado por Brad Pitt. (Confesso que, assim como muita gente, esse filme foi o meu primeiro contato com a pesca fly. A poesia das imagens, o Brad Pitt completamente imerso no momento, na Natureza, desbravando a correnteza do rio com a vara encurvada por um peixe enorme, é inesquecível. Para os que já viram ou verão ainda o filme, notem que o irmão de Brad Pitt sai de casa para estudar em Dartmouth, minha universidade.)*

Cético, consultei o oráculo moderno (também conhecido como Google) sobre "pesca fly no Brasil". Para minha surpresa e alegria, minha anfitriã tinha razão. Escondido na serra gaúcha, quase na fronteira com Santa Catarina, fica o município de São José dos Ausentes, onde encontra-se o rio Silveira, repleto de trutas-arco-íris e com trechos restritos apenas à pesca fly. Inacreditável. Após alguns e-mails e telefonemas, estava tudo arranjado. Meu guia, Alexandre, me pegaria às 22 horas, logo após minha apresentação em Porto Alegre. Iríamos direto para a Pousada Potreirinhos, aonde chegaríamos em torno das três da manhã. Acordaríamos às 6 horas, tomaríamos café e sairíamos direto para o rio, bem perto da pousada. Ao menos, esse era o plano. Tudo dependia do estado das estradas de terra batida, que costumavam alagar nessa época, transformando-se num atoleiro impossível. Acho que nunca olhei tanto para o relógio durante uma palestra.

Mudar nossa visão de mundo não é fácil

Falei sobre meu romance *A harmonia do mundo*, que conta a história dramática de Johannes Kepler, o grande astrônomo alemão do século XVII, responsável pelas primeiras leis matemáticas aplicadas aos céus, descrevendo o movimento dos planetas em torno do Sol (e de qualquer outro planeta em torno de sua estrela). Kepler é um personagem único na história da ciência, uma mistura de matemático, astrônomo e místico, um homem com um pé no futuro e outro no passado, que viveu numa época em que a hegemonia da Igreja Católica se via ameaçada pela Reforma protestante, e homens e principalmente mulheres eram queimados vivos

---

* Hoje, existem várias possibilidades para a pesca fly no Brasil, especialmente atrás do fabuloso dourado do Amazonas, uma experiência bem diferente da pesca solitária de trutas.

em praça pública, acusados de pactos com o demônio e bruxaria. A própria mãe de Kepler foi acusada de ser bruxa e teria sido queimada não fosse a interferência de seu filho.

O teatro estava lotado, umas duzentas pessoas, representando o público variado que frequenta a Feira do Livro de Porto Alegre. (E, aliás, todas as feiras do livro que já visitei.) O tema da minha apresentação não era meu romance em si, mas uma investigação de como nossa visão cósmica — a percepção que temos da natureza do Universo — mudou várias vezes, desde eras pré-científicas até hoje. A ênfase era em *mudança de visão*.

O cosmo em que vivemos hoje é muito diferente daquele do século XV ou XVI. Não o cosmo propriamente dito, claro, mas o modo como pensamos sobre ele. Para Pedro Álvares Cabral, por exemplo, assim como a maioria absoluta das pessoas vivendo na Europa em 1500, a Terra, imóvel, era o centro da Criação. Por sua vez, a Terra era circundada por esferas concêntricas, feitas de um cristal transparente, como as camadas de uma cebola, cada qual carregando um objeto celeste conhecido: a Lua, o Sol e os cinco planetas visíveis a olho nu (Mercúrio, Vênus, Marte, Júpiter e Saturno). A camada mais externa carregava as estrelas, imaginadas como diamantes fixos na abóbada celeste. Além da última esfera, conhecida como *Primum Mobile*, a fonte de origem de todos os movimentos, ficava o Empíreo, a morada de Deus e dos eleitos. No centro da Terra, na direção oposta desse modelo vertical da Criação, encontrava-se o inferno, onde o diabo torturava os pecadores e almas penadas. É curioso que o centro do Universo medieval cristão não era o céu, mas o inferno.

Essa estrutura cósmica refletia a hierarquia de valores do cristianismo, que determinava como as pessoas deveriam viver. O arranjo vertical, do inferno no centro da Terra ao paraíso nas alturas, representava a peregrinação da alma em sua luta para se livrar da tentação do pecado aqui na Terra para se juntar a Deus e aos eleitos por toda a eternidade. A arquitetura das belíssimas catedrais medievais, com seu pé-direito alto, ilustra perfeitamente essa filosofia, já que nos inspira a olhar para cima, em busca da salvação nos céus.

Antes de Kepler e Galileu entrarem em cena no início do século XVII, tudo parecia fazer sentido. A Terra, no centro do cosmo e composta pelos quatro elementos materiais — terra, água, ar e fogo —, era diversa dos outros mundos celestes, os planetas, a Lua, o Sol e as estrelas, todos compostos de uma quinta-essência, a *quintessência* ou éter, eterna e imutável. Nesse cosmo vertical, a dimensão moral e a dimensão geográfica eram integradas, visto que ambas eram produto da Criação divina.

O lento colapso dessa magnífica estrutura começou em 1543, quando um tímido cônego da Igreja chamado Nicolau Copérnico propôs um arranjo celeste alternativo, onde o Sol, e não a Terra, era o centro da Criação. A Terra foi empurrada para o lado, relegada ao papel de mais um andarilho dos céus, um mero planeta como os outros.

Esse rearranjo destruía mais de dois mil anos de geocentrismo, criando mais perguntas do que respostas. Se a Terra não é o centro da Criação, onde estamos? Quais as leis que ditam o arranjo cósmico? Deixamos de ser criações especiais de Deus, agora que a Terra é o terceiro planeta distante do Sol? Continuei minha apresentação mostrando como uma mudança de visão de mundo tão radical quanto esta cria uma confusão profunda nas pessoas, que não sabem mais como organizar seus valores, determinar seus objetivos. O giro da Terra em torno do Sol deixou as pessoas sem rumo.

O cosmo proposto por Copérnico criou, também, questões de natureza mais prática. Se a Terra gira em torno de si mesma em aproximadamente 24 horas, as pessoas na linha do equador giram também, com a espantosa velocidade de 1.670 quilômetros por hora. A uma latitude de 45 graus, a velocidade é um pouco menor, mas não menos espantosa, 1.180 quilômetros por hora. Por que não sentimos nada, nem mesmo uma pequena tonteira? Por que não somos jogados para longe, como se girássemos num carrossel alucinado? Por que as nuvens e os pássaros não são deixados para trás? Copérnico não tinha respostas convincentes para essas perguntas que, devemos dizer, são perfeitamente razoáveis. Seu livro, *Da revolução de esferas celestes*, não trazia uma física condizente com a sua arrojada proposta de uma nova astronomia. Chegou ao seu arranjo comparando o tempo que os planetas demoram para dar uma volta completa em torno do Sol: Mercúrio (três meses); Vênus (oito meses); Terra (um ano); Marte (dois anos); Júpiter (doze anos); Saturno (29 anos). Com isso, Copérnico trazia uma nova estética aos céus, alinhada com o espírito da Renascença, onde a ordem, a simetria e a proporção eram equacionadas com a beleza e a verdade. De fato, um modelo essencialmente idêntico ao de Copérnico havia sido proposto em torno de 300 a.C. por Aristarco de Samos, um filósofo e matemático da Grécia Antiga. Teologicamente, Copérnico acreditava que apenas um cosmo construído segundo tais princípios estéticos seria uma expressão digna da obra divina: a estética celeste deveria refletir a estética da mente perfeita de Deus.

A proposta arrojada de Copérnico demorou a tomar corpo. Faltava o embasamento físico para justificá-la de forma convincente, e faltava a disponibilidade das pessoas de querer rever sua visão de mundo. A situação me lembra um divórcio, onde poucos oferecem apoio, em meio à dor e à incerteza do que virá pela frente. Nesse divórcio das ideias, Copérnico deve ter se sentido muito solitário. Como escreveu o historiador da ciência Owen Gingerich em *O livro que ninguém leu*, cinquenta anos após a publicação da obra de Copérnico, apenas cerca de dez pessoas haviam dito algo de positivo sobre suas ideias. Dentre elas estavam nada mais nada menos do que Johannes Kepler e Galileu Galilei, os verdadeiros instigadores da chamada revolução copernicana. A nova visão de mundo só se tornou inevitável em 1686, com a publicação da obra-prima de Isaac Newton, o *Principia*, onde enunciou matematicamente as leis que descrevem o movimento dos corpos na Terra e nos céus. Newton construiu, de forma magnífica, uma nova teoria da gravidade onde a mesma força que faz com que a Terra gire em torno do Sol, e a Lua, em torno da Terra, faz com que um objeto (como a famosa maçã) tenda naturalmente a cair no chão quando largado de uma certa altura. A mesma física rege os fenômenos celestes e terrestres.*

---

* É importante notar que os domínios do céu e da terra já haviam sido unidos anteriormente, em duas disciplinas bem mais antigas do que a física de Newton: a astrologia — onde arranjos celestes podem influenciar ocorrências terrestres ao nível individual — e a alquimia, com o seu mote "assim na terra como no céu". Newton era versado em ambas, tendo, aliás, dedicado bem mais tempo à alquimia do que à física e à matemática. Sua união da física celeste e terrestre através da gravidade não foi uma coincidência, mas resultado de um longo processo intelectual e espiritual.

A física de Newton é a física do dia a dia das pessoas, descrevendo com grande precisão os movimentos que nos são familiares. Mesmo que certos fenômenos naturais, como as ondas solitárias avistadas por John Scott Russell nos canais de Edimburgo, precisem de tratamentos mais sofisticados, todos baseiam-se na física de Newton. Por exemplo, a física de Newton explica como a aplicação de certos princípios físicos pode melhorar a qualidade do lançamento na pesca fly. O que os instrutores costumam chamar de bombear a vara (encurvá-la com oscilações rítmicas para a frente e para trás) simplesmente significa que quanto mais encurvada estiver a vara no lançamento, mais longe irá a linha. Como numa mola contraída, que expande quando a soltamos, esse movimento rítmico transfere a energia potencial elástica armazenada na vara no movimento (energia cinética) da linha. A potência do lançamento depende da eficiência dessa conversão de energia potencial em energia cinética: quanto maior a eficiência, mais longe a linha vai. Como disse Heráclito em torno de 25 séculos atrás: "O arco deve ser encurvado para trás para que a flecha voe para a frente."*

Enquanto Isaac Newton ponderava as leis físicas que descrevem o funcionamento da Natureza, um outro Izaak, com o sobrenome Walton, aperfeiçoava a prática da pesca nos rios ingleses. Biógrafo do grande poeta inglês John Donne e outras luminárias de sua pátria, Walton decidiu, após uma certa idade, viver no campo para pescar e escrever. Meu guia e amigo Jeremy Lucas certamente concordaria com a sabedoria dessa escolha. *O pescador completo*, o famoso manual de autoria de Walton, foi publicado em 1653 e continua sendo impresso até hoje. Me pergunto se os dois grandes "Isaacs", o filósofo natural e o pescador filósofo, cruzaram-se ao longo do rio Cam, nas vizinhanças da universidade de Cambridge, um lendo o movimento das águas, o outro, o movimento dos céus.

---

* Na pesca comum, onde um peso é amarrado ao fim da linha, é ele que leva a linha avante. O braço do pescador, ao efetuar o lançamento, funciona como uma catapulta, que lança o peso e tudo o que estiver preso a ele para a frente. O princípio físico é bem diferente do da pesca fly. E o lançamento, bem mais fácil de ser feito.

O amor na era da ciência

Com os rápidos avanços da física e da astronomia nos séculos XVII e XVIII, a concepção cósmica foi mudando. Se, antes, as pessoas acreditavam viver num cosmo fechado, onde Deus habitava a esfera mais externa como guardião de seu domínio, agora o cosmo parecia ser infinito, e já não era claro qual seria o lugar de Deus, ou mesmo o nosso, nessa vastidão. Não é, portanto, surpreendente que poucos tenham recebido essas novas de braços abertos. A visão de mundo dos filósofos naturais, Newton, Huygens, Halley, Lavoisier e tantos outros maravilhava ao mesmo tempo que aterrorizava, levantando a possibilidade de estarmos sós num Universo sem Deus.

Poucos expressaram essa angústia com a eloquência do filósofo e matemático francês Blaise Pascal, que, décadas antes de Newton publicar seu grande livro, escreveu: "Quando considero a curta duração da minha vida, engolida na eternidade do antes e do depois que ocupo com minha curta existência, ou mesmo que possa ver, dada a imensidão do espaço do qual nada sei, e que de mim nada sabe, sinto-me aterrorizado e surpreso de estar aqui e não lá, e de viver agora e não depois. Quem pôs-me aqui? Quem decretou que este tempo e espaço sejam os meus?"

Quanto mais a ciência avançava, menos Deus parecia ser necessário. "Não preciso dessa hipótese", declarou o físico e matemático Simon de Laplace a Napoleão, quando este lhe perguntou por que Deus não era mencionado em seu livro sobre a mecânica dos céus, publicado em cinco volumes entre 1799 e 1825. De acordo com a nova visão, o cosmo era uma máquina, um mecanismo de relógio seguindo leis matemáticas precisas. Deus foi relegado ao papel de relojoeiro, que construiu o relógio e as leis que regem seu movimento, e se aposentou depois disso: o mundo segue seu caminho determinístico sem a necessidade de intervenções divinas.

Para muitos, crentes ou não, o universo-máquina deixava muito a desejar. Será que a ciência poderia de fato explicar o mundo de forma tão completa, deixando de fora apenas o mistério da Criação? Um Deus cuja missão era criar o mundo e suas leis era um Deus distante e impessoal, que pouco ligava para sua criação ou criaturas. E o livre-arbítrio, como ficava? Se as leis da Natureza podem prever os eventos que irão ocorrer no futuro, nenhuma ação ou escolha eram livres. O dia e a hora em que você nasceu, se você se casaria e com quem, sua profissão, seus feitos e desafios... Tudo estaria escrito no livro do tempo. Seríamos autômatos, acreditando cegamente na nossa autonomia como indivíduos, sem nos dar conta de que essa crença na nossa liberdade não passa de uma ilusão. Num cosmo-relógio, seríamos marionetes numa peça de teatro sem diretor, num palco que ocupa todo o Universo.

Para piorar as coisas, Darwin e sua teoria da evolução aparecem na sequência dessas descobertas na física e na astronomia, reescrevendo nossa história como espécie. A evidência mostra que somos macacos evoluídos com rabos diminutos, e que de divino temos pouco. Para muitos, era o último insulto: a ciência havia-lhes roubado Deus, oferecendo como substituto pouco mais do que um materialismo frio e impessoal. Como saciar nossa sede espiritual num cosmo-relógio, onde tudo parecia ser redutível à lógica de leis matemáticas precisas? Onde cabe o amor nesse quadro desapaixonado? Dadas as circunstâncias, a revolta dos românticos contra esses exageros do racionalismo não é nada surpreendente.

Essa é a crise que nunca foi superada, o grande vão espiritual de nossa era. O que fazer, dado esse quadro? Onde alimentar nossa espiritualidade num cosmo regido por uma precisão calculista?

Alguns optam por ignorar os achados da ciência, entregando-se ao extremismo religioso, submetendo-se ao dogmatismo de alguma ortodoxia. Isso, vemos em certos movimentos fundamentalistas, como Al-Qaeda ou ISIS, onde assassinar aqueles que se opõem aos seus valores é perfeitamente justificável pela sua fé. Ou mesmo em seitas não violentas, mas nem por isso menos fundamentalistas, como certos grupos cristãos ou judeus ultraconservadores, cujos valores permanecem firmemente ancorados no passado distante. Acho um tanto irônico encontrar um rabino ultraortodoxo, barba longa, chapéu alto, vestido como seus antepassados o faziam séculos atrás, usando um GPS ou um celular, ou, quando vem alguma doença, tomando antibióticos ou recebendo terapias de radiação. Como conciliar o fato de que essas tecnologias são produto das teorias quânticas e relativísticas da física, da teoria da evolução e da genética na biologia, as mesmas que trouxeram uma visão de mundo tão antagônica à sua? Como conciliar o fato de que a mesma ciência que usamos para construir esses instrumentos e terapias é usada na datação de fósseis e da idade da Terra, ou na evolução das espécies de bactérias a pessoas? A inconsistência é absurda. Mesmo assim, milhões de pessoas optam por esse tipo de cegueira dogmática, sem se preocupar com o paradoxo de sua escolha.

Outros consideram que a ciência auxilia sua fé, dando-lhes uma maior compreensão de Deus e Sua obra. Ao contrário do que muitos pensam, um número grande de cientistas é religioso e não vê qualquer conflito entre sua fé e a ciência que pratica profissionalmente. Argumentam, corretamente, que algumas questões pertencem à ciência, enquanto outras, não. (Em breve abordaremos algumas delas.) Essa tradição é antiga, incluindo alguns dos grandes patriarcas da ciência, como Copérnico, Galileu e, especialmente, Descartes, Kepler e Newton. Para eles, a ciência é uma forma de devoção religiosa, um modo de se aproximar da mente de Deus. Bem antes deles, Ptolomeu, e mesmo Platão, na Grécia Antiga, afirmavam que o filósofo deve inspirar-se na contemplação das verdades eternas que formam a base de tudo o que existe, expressões que são da mente divina. Dada a influência de Pitágoras e Parmênides no pensamento de Platão, podemos dizer que a vertente central da filosofia ocidental nasceu da busca por uma relação entre o código secreto da Natureza e a mente do Criador, mesmo que não necessariamente o Deus judeo-cristão.

Já outros não são religiosos no sentido tradicional, mas usam conceitos pseudocientíficos para justificar sua atração por ideias místicas da Antiguidade. Com isso, sua fé ganha uma credibilidade embasada na ciência, o que infelizmente confunde muita gente. Refiro-me a algumas práticas da Nova Era que, embora tenham frequentemente boas intenções — amor universal, compreensão e respeito mútuo, curas variadas, conexão com o outro, respeito pelo meio ambiente, por todas as formas de vida e pelo nosso planeta —, baseiam seus ensinamentos em conceitos científicos usados completamente fora de contexto. São terapias quânticas, auras, fotografia Kirlian, cura radiônica, toques terapêuticos, e outras práticas que usam palavras como "energia", "quântico", "campos" e "magnetismo" num sentido que tem pouco a ver com o seu uso em física.* Em meio às boas intenções, obviamente existem muitos oportunistas que se aproveitam das necessidades emocionais e físicas das pessoas. Como fez o mágico americano Amazing Randy, que desmascarou o israelense Uri Geller dentre outros charlatões, é essencial revelar práticas fraudulentas e insistir no uso correto das palavras, em particular termos científicos em contextos onde não fazem sentido.

Quando um terapeuta da Nova Era afirma ao seu cliente que está focando a "energia sutil" do Universo para curá-lo, ou catalisando sua "energia vital", ou manipulando seu "biocampo", deve estar claro que esses não são conceitos científicos, mas práticas inspiradas metaforicamente na ciência, descrevendo certos tipos de interação entre uma pessoa e a Natureza, ou entre uma pessoa e um terapeuta.

A ciência nos ensina que somos criações cósmicas raras, aglomerados de poeira vinda de restos de estrelas, moléculas animadas pela faísca da vida, capazes de se perguntar sobre suas origens. Somos, como disse Carl Sagan, como o Universo pensa sobre si mesmo, um enigma que talvez não seja compreensível. Carregamos a história do cosmo em nossos átomos. Essa é a união essencial do ser com o cosmo. A meu ver, poucas visões artísticas ou religiosas têm tanta poesia e espiritualidade quanto essa.

Vamos aspirar o *prana*, sentir o *chi* fluindo pelos nossos *chakras*, meditar, encontrar modos diversos de expandir a experiência de estarmos vivos. Todos devemos fazer isso, expandir a consciência de nós mesmos e dos outros, de nosso planeta e do cosmo como um todo, buscar conexões com uma realidade maior, que transcende as barreiras do espaço e do tempo

---

* Como exemplo, aqueles leitores que sabem inglês podem buscar pela palavra "energia" no *The Skeptics Dictionary*. Disponível em: <http://www.skepdic.com/energy.html>.

ditadas pelos nossos corpos e mentes, encontrar vias de acesso ao que é misterioso e incognoscível. Nisso, cientistas e místicos concordam, mesmo que os métodos que usem para buscar por conexões com o desconhecido sejam profundamente diferentes.

O que não precisamos é atribuir as coincidências que ocorrem no dia a dia — encontrar um amigo antigo, dizer a mesma coisa que seu companheiro, ter uma premonição — a um "emaranhamento quântico", ou a uma "sincronicidade" que vem de um campo de energia cósmica onipresente que *quis* que essas coisas acontecessem. Por que precisamos atribuir as ocorrências significativas da vida a uma intencionalidade maior do que nós? Basta viver a emoção do momento, sem uma justificativa pseudocientífica baseada em algum tipo de força que controla a tudo e todos. Precisamos nos libertar da necessidade que temos de uma causalidade vinda "de cima", de um princípio explicativo que justifique tudo o que acontece. Precisamos aprender a celebrar a simples beleza do inesperado! A credibilidade científica, produto de séculos de trabalho de milhares de homens e mulheres, não deve ser deturpada para seduzir aqueles que, por contingências diversas da vida, precisam de um porto seguro.

Finalmente, outro grupo inclui ateus e agnósticos, pessoas que não veem a necessidade de incluir divindades e forças sobrenaturais em suas vidas. Já escrevi sobre eles e suas diferenças, incluindo minha crítica à posição mais extrema do ateísmo, que considero contrariar os preceitos básicos do método científico, onde afirmações devem ser baseadas em evidência empírica. O que gostaria de frisar aqui é que *ateus e agnósticos não são antiespirituais*. Esse é um ponto essencial em nossa discussão e, também, na percepção pública do não crente, que, em geral, não é muito positiva. (Nos Estados Unidos, por exemplo, seria impensável ter um presidente ateu.)

O papel da ciência não é revelar conexões sobrenaturais entre as pessoas e o Universo. Isso não significa que a ciência não pode ser uma atividade espiritual. Para muitos cientistas, incluindo Einstein, Carl Sagan e este filósofo natural que lhes escreve, a mágica da ciência está em tornar o desconhecido no conhecível, em nos aproximar da Natureza e seus mistérios, em mostrar como átomos forjados em estrelas podem se transformar em criaturas vivas, capazes de desenvolver uma moralidade que, devagar, mas resolutamente, estenderá seus braços ao planeta como um todo e a todas as formas de vida que aqui coexistem. Ao revelar nossa profunda conexão material com o Universo, a ciência transcende sua missão mais imediata, transformando-se numa fonte de espiritualidade adequada à realidade de nossos dias.

Seres humanos têm uma necessidade primal de expandir suas fronteiras, sejam elas físicas ou metafísicas. Exploramos os quatro cantos do mundo e, na nossa era, o espaço sideral, com uma sede insaciável pelo novo. Essa avidez não está relegada apenas ao plano físico. Vive, também, em nossas mentes, quando sentimos o desejo de expandir nossa percepção da realidade, flertar com o impossível, ampliando as fronteiras do conhecimento do mundo e de nós mesmos.

Não podemos sobreviver presos num espaço limitado, seja ele físico ou mental. Imagine, por exemplo, um peixe num aquário. A pobre criatura não só está fadada a viver num espaço mínimo como, aumentando seu desespero, tem a percepção de que existe algo além do vidro, uma realidade difusa e inacessível, símbolo de uma liberdade que nunca terá. Por outro lado, mesmo que tentador, o mundo lá fora é também mais arriscado, desconhecido, possivelmente mortal para o peixe. O mesmo ocorre conosco, presos ao nosso planeta e limitados pelo conhecimento que temos hoje. Um pulo ao espaço pode expandir nossas fronteiras (o homem chega a Marte!), mas pode ser mortal. Um pulo em direção ao oceano do desconhecido pode ampliar a Ilha do Conhecimento, mas pode, também, gerar novos desconhecidos, alguns talvez até incognoscíveis. Mesmo assim, seria impensável não pular, não arriscar. Quem quer passar a vida nadando em círculos preso num aquário?

Nessa visão, o amor emerge triunfalmente, a força que nos impulsiona em nossa busca por sentido. A ciência não se antepõe ao amor; pelo contrário, precisa dele como semente, como núcleo de nosso crescimento pessoal e coletivo. Isso não é sentimentalizar a ciência. O que Einstein chamou de nossa atração pelo mistério, e que eu chamo de nossa atração pelo desconhecido, é apenas outro modo de expressar o amor. Afinal, o que é mais misterioso do que a atração que sentimos por uma pessoa amada, a convicção de que a vida sem ela seria incompleta, uma prisão, como um pequeno aquário? A "pessoa", aqui, pode ser outro humano, ou grupo de humanos, ou a Natureza. O oposto do amor não é o ódio; é o esquecimento, a indiferença dos outros.

Cientistas podem relacionar as origens evolucionárias do amor por alguém, ou por um grupo, como uma estratégia de sobrevivência, talvez ligada a uma vantagem seletiva do altruísmo. (Se eu amo você e você me ama, eu protejo você e você me protege.) Mesmo assim, nenhuma explicação exclusivamente científica do amor é completa. Como uma piada que perde a graça quando é explicada, o poder do amor não está em sabermos quais os neurônios que ativa, ou quais os hormônios que são produzidos quando estamos junto à pessoa amada, ou a alguém com quem temos um laço emocional profundo. O amor revela seu poder quando é sentido, quando é dividido. Nenhuma explicação fisiológica de um sentimento, mesmo se essencial como área de pesquisa, poderá repor a sensação subjetiva da experiência do sentimento em si. São duas coisas muito diferentes. Eventualmente, talvez seja até possível induzir certas emoções através de estímulos neuronais e químicos. Já vemos isso em drogas e medicamentos psicotrópicos, ou através da estimulação elétrica direta de certas regiões do cérebro. Mas saber induzir uma emoção e *sentir* aquela emoção são duas coisas muito diferentes. O mistério permanece: como *eu* sinto o amor, como *você* sente o amor, cada experiência única e não quantificável, expressão da nossa individualidade (cada um ama de um jeito) e da nossa identidade coletiva como espécie (todo ser humano é capaz de amar).

Liberdade ao se prender

Assim que terminei minha apresentação, fui direto ao hotel encontrar meu guia, Alexandre Bertolucci. (Quem sabe um parente distante do ilustre diretor de cinema?) Seus avós emigraram da Itália no início do século XX, parte de um enorme êxodo de europeus — especialmente italianos e alemães — para o sul do Brasil. Sabemos bem o resultado da mistura desses imigrantes com os descendentes de africanos, índios e portugueses: uma cultura rica e variada, e muita gente bonita.

Moreno, de uns 40 anos, o aperto de mão de Alexandre era o seu cartão de visita, que dizia que era alguém que preferia estar parcialmente submerso nas águas de um rio do que atrás de uma escrivaninha num escritório. Um entusiasta da pesca fly é certamente uma figura excêntrica no Brasil. Fiquei olhando para ele meio desconfiado, como se admirasse uma criatura bizarra como aquelas que vemos nos gabinetes de curiosidades que europeus gostavam de colecionar no século XVIII. Como que esse sujeito se transformou num mestre desse tipo de pesca por aqui?

Deixamos Porto Alegre em torno das 22 horas. Olhei para o céu e constatei a presença de algumas estrelas lutando contra o clarão do neon urbano. Bom sinal! São José dos Ausentes é famosamente fria — alguns dizem que é o lugar mais frio do Brasil —, a uma altitude de 1.200 metros na serra gaúcha, quase na fronteira com Santa Catarina. Mesmo que o frio dos trópicos não se compare ao que sentimos onde vivo — a temperatura cai para 20 graus negativos com frequência no inverno —, entrar num rio quando a temperatura ambiente é de 6 graus não é das coisas mais agradáveis, mesmo com roupa impermeável. Mas, para esses pioneiros da pesca fly por aqui, é isso ou nada. A truta assim demanda, já que é ativa quando a temperatura da água está entre 10 e 20 graus Celsius. Por outro lado, como truta é truta, essa temperatura é apenas uma indicação, não uma regra absoluta. Existem diferenças, dependendo da espécie. Por exemplo, nos Estados Unidos, a truta de riacho ("brook trout") e a corta-pescoço ("cutthroat trout") se alimentam a temperaturas mais baixas.

Mas, qualquer que seja a truta, seu metabolismo desacelera a temperaturas baixas e seu apetite deixa de ser tão voraz. Sempre levo um termômetro para testar a temperatura da água antes de começar. Não que desistisse de pescar se estivesse muito gelada ou muito quente. Porém, se não pegasse nada, poderia culpar a temperatura e não minha ineptidão.*

A água no rio Silveira atinge temperatura ideal para as trutas entre março e outubro, sendo julho o melhor mês, bem no inverno. Felizmente, estive lá no final de outubro, quando o frio estava no fim. Aliás, nosso problema era o calor, que já era demasiado. As trutas detestam água quente. Mais do que detestam, morrem quando a temperatura da água passa de 27 graus, como já testemunhei com o coração partido. Muito triste ver essas belíssimas criaturas descendo rio abaixo de barriga para cima.

"Não veio ninguém pescar nas últimas duas semanas", disse Alexandre. "As trutas vão estar implorando para serem pegas."

"Tomara que sim!", respondi entusiasticamente.

"Mas antes temos que chegar lá. Prepare-se para uma longa viagem."

Logo percebi que Alexandre não estava brincando. Só fomos chegar na Pousada Potreirinhos às três e meia da manhã, exaustos, porém felizes. A estrada parecia um campo minado, com pelo menos 80 quilômetros de terra batida e muita lama no final. Para aumentar o estresse, as chuvas torrenciais da semana anterior haviam destruído uma ponte, o que nos forçou a atravessar um rio relativamente grande, rezando para o carro não parar no meio.

"Ainda bem que não choveu muito ontem e hoje", disse Alexandre. "Caso contrário, teríamos que pegar outro caminho, um desvio enorme. Sem brincadeira, na última vez que tentei atravessar o rio, meu carro me deixou na mão." Era óbvio que, ao menos para meu guia, isso era parte da diversão. Pesca com aventura, imagine só. Concordei em silêncio, aliviado pelo rio, que resolveu nos deixar passar. A última coisa de que precisava

---

* Em termos práticos, a profundidade onde encontramos as trutas depende também da temperatura da água; quanto mais fundo, mais fria a água, o que significa que, em dias quentes, é melhor lançar em locais profundos.

naquela madrugada era ficar empacado dentro de um Volkswagen Fox no meio de uma correnteza.

Havia planejado dar uma dormida no caminho, descansar após um dia louco, que começou num voo de Salvador às 5h30. Quem dera! Minha cabeça não parou por um segundo, excitada com o que estava para acontecer. Um dia inteiro num rio cheio de trutas. E ainda por cima no meu país! Pesca fly em português... Aí estava algo que nunca havia imaginado que iria fazer.

Acordei às 6h45, se é que dormi, pronto para o dia. A pousada estava surpreendentemente cheia, mas não de pescadores. O ecoturismo pegou firme na região, e um ônibus havia acabado de chegar, trazendo um grupo de turistas que iriam passar o dia explorando as belíssimas colinas, rios e cachoeiras do vale do Silveira.

Da minha cama, podia ver raios de luz explodindo contra as rachaduras da janela de madeira. Ótimo! O perfume de café coado no filtro de pano, pão fresco e bolo de milho ainda quente nos chamava. Fomos quase correndo ao refeitório, como duas crianças prestes a entrar na Disneylândia.

"Toda vez que vou pescar é como se fosse a primeira vez; sempre diferente", disse Alexandre, seus olhos sicilianos em alerta geral. Meu guia havia encontrado seu paraíso, sua forma de veneração, e queria dividir isso comigo. Embora muito diferente de Jeremy, sabia que seria um excelente mentor. A única coisa que os dois tinham em comum era uma paixão absoluta pela pesca fly.

Após um farto café da manhã, preparamos nosso equipamento. Dessa vez, havia trazido minha roupa impermeável e minhas botas. Queria evitar novas desavenças e pés molhados e frios. Além disso, a pesca fly continua sendo uma atividade raríssima no Brasil — não existiam lojas que vendiam o equipamento adequado em 2007. Hoje, já existe algo, especialmente pela internet ou em lojas especializadas em pesca, como a Sugoi Big Fish, sob o nome de "pesca fly". Mas em 2007 tudo era ainda improvisado, e os materiais e equipamentos eram usados e reusados. Botas americanas ou inglesas eram e continuam sendo uma preciosidade. Orvis, uma grande fornecedora americana de equipamentos de ótima qualidade, é uma espécie de divindade por aqui.

O Sol já estava forte às 7h30, a temperatura, em torno de 26 graus.

"Vai ficar um forno isso aqui hoje", disse Alexandre. "Mas não se preocupe; a água ainda vai estar bem fria."

Olhei ao redor. O rio Silveira corta o seu vale como uma faca afiada; um vale que mais parece um cartão-postal, colinas verdejantes, picos de granito a distância, uma paisagem quase exagerada em sua exuberância, um esbanjo de Natureza, especialmente quando comparada aos contornos sombrios e despojados de Cumbria, na Inglaterra. Pesca fly tropical! Viva o paradoxo!

Caminhamos até o rio, que fica convenientemente perto da pousada. Não muito largo, perfeito como se num manual de instrução, pedras grandes aqui e ali criando correntezas mais rápidas e outras mais lentas e fundas, locais perfeitos para as trutas se esconderem, esperando que a corrente traga a comida até elas. Alexandre trouxe duas varas, uma muito leve, peso-2, e outra peso-4. Peguei a peso-4, que, para mim, era já bem difícil de manejar. Alexandre preparou a isca, uma ninfa com uma pequena conta dourada na cabeça, e outra caindo dela, que chamou de "pâncora", uma coisa vermelha e felpuda que imita um pequeno molusco de rio que as trutas amam.

"Pâncora não falha nunca", disse Alexandre, animado.

O preparo das linhas e das iscas demorou quase cinco minutos. Bem longo, porque meu pobre guia não tinha uma dessas líderes superconvenientes que compramos aqui nos Estados Unidos, cujo diâmetro vai afinando ao longo do comprimento. Teve que fazer uma ligando linhas de diâmetros diversos, da mais grossa à mais fina, até chegar a 0,16 centímetro de espessura, que ele usou para firmar suas duas iscas de tamanho 12.

"Lança lá", instruiu Alexandre, apontando para a margem oposta, onde a correnteza havia chegado a uma condição quase estacionária, bem debaixo de uma enorme árvore. Mais fácil falar do que fazer. Primeiro, tinha que me habituar com a nova vara, bem diferente da minha peso-6, ou mesmo da peso-5 do Jeremy. Parecia estar segurando um tubo feito de ar. Mas na terceira tentativa atingi o local exato. A vara dobrou quase instantaneamente.

"Fisga!", gritou Alexandre.

Girei a vara para trás com força, segurando a linha. Seria possível isso? Uma truta no meu primeiro lançamento que funcionou? Mesmo cometendo erros com a posição da vara e o controle da linha, não consegui perder essa. Minha primeira truta arco-íris tropical era pequena mas perfeita, ávida pela sua pâncora.

"Muito bom", disse Alexandre. "Mas tente ser um pouco mais delicado da próxima vez. Um peixe maior não será assim tão fácil de manejar."

Palavras proféticas. Dei dois passos rio abaixo e lancei na mesma direção. Após meros segundos, um puxão violento arrancou a linha da minha mão. A vara dobrou ao meio. Essa era grande. Com o coração aos pulos, comecei a recuperar a linha. A truta protestou contra minha ação, sem entender quem controlava o seu destino. Desceu a corrente, esticando a linha ao máximo. De repente, saltou fora d'água, sacudindo o corpo dourado contra o Sol. *Isso* era a pesca fly de verdade. Eu fui atrás, tentando me equilibrar precariamente nas pedras submersas.

Foi demais para mim. Emocionado com a intensidade do momento, comecei a perder o controle da linha e baixei demais a vara.

"Levante a vara bem alto!", gritou Alexandre ao longe.

Tentei. Mas quando recuperava um pouco de linha, a truta insistia em ir para o lado oposto. A vara estava tão dobrada que parecia que ia quebrar. A linha estava esticada demais. Afoito, esqueci que linhas arrebentam, especialmente as mais finas, ligadas à mão. Após uns três minutos desse vai e vem, a truta escapou. Tinha pelo menos uns 2 quilos, talvez mais.

"Você não pode pescar assim", protestou Alexandre, tão desapontado quanto eu. "Deixe o peixe nadar, dê espaço pra ele, solte a linha. Isso vai cansando o bicho aos poucos."

Aprendi a duras penas uma das lições mais importantes da pesca fly, algo que raramente ocorre na pesca comum, com seus molinetes pesados e linhas grossas. Não recupere a linha feito um louco, girando a carretilha como se nada houvesse do outro lado. Dê espaço para o peixe, construa essa relação com calma. Esses são os momentos mais preciosos da pesca, quando pescador e peixe, com intenções antagônicas, são unidos pela linha.

Lembrei-me de meu primeiro amor, uma linda menina chamada Anete, e de como a assustei com a intensidade de minhas emoções de 16 anos. Estava tão apaixonado que sufoquei a moça, que fugiu corrente abaixo tentando livrar-se do meu anzol. Às vezes, queremos tanto alguém que perdemos o controle, pondo uma pressão na relação que acaba por destruí-la. "Se você ama alguém, deixe-a livre", diz Sting numa canção. (*If you love somebody, set them free.*) Esse equilíbrio é muito difícil, querer ter alguém perto e, ao mesmo tempo, dar espaço para que a pessoa seja ela mesma. Amantes e pais sabem disso muito bem.

Essa experiência me fez pensar na pesca fly como sendo um jogo de sedução, um dar e receber, uma metáfora para o amor. Se você tenta trazer o peixe para perto, ele tentará escapar para longe, com intensidade proporcional à sua. Se você quer o peixe perto, primeiro precisa deixá-lo livre, ao menos deixá-lo pensar que está livre. (Mas cuidado com a linha! Liberdade demais e o peixe escapa.) Logo o peixe para e deixa você recuperar um pouco de linha. Aos poucos, com paciência, você o terá ao seu lado e poderá retirá-lo da água cuidadosamente com uma rede.* De qualquer forma, a lição é *seja gentil*. A pesca não é um cabo de guerra com o peixe. Se você puxa a linha com muita força, o peixe irá lutar com intensidade redobrada para recuperar sua liberdade. Se você insistir, e o peixe for um lutador, irá pular, sacudir o corpo e a cabeça até se livrar do anzol, ou conseguirá arrebentar a linha, deixando você de mãos vazias. Na pesca e nas relações, a sedução é um jogo de dar e receber, não uma imposição. O outro é outro, com seus próprios sentimentos e modo de amar. Quem não vê o outro não sabe amar.

---

* Uma questão que sempre me vinha à mente é se o peixe sente a dor do anzol na boca. Os especialistas debatem até hoje essa questão. Alguns argumentam que os peixes não têm a capacidade neurológica para a conscientização da dor. O que atribuímos à dor é baseado num critério humano que não se aplica ao peixe. Ao menos, essas são as conclusões do estudo "Can Fish Really Feel Pain?" ["Peixes sentem dor?"], conduzido por J. D. Rose, R. Arlinghaus, S. J. Cooke, B. K. Diggles, W. Sawynok, E. D. Stevens e C. D. L. Wynne, publicado na revista *Fish and Fisheries*, em 2012. Para outra opinião, consulte o link: <http://animalstudiesrepository.org/animsent/>.

Perder aquela truta me ensinou a respeitá-la. Ela não escapou para zombar de mim. Como poderia? Escapou porque, na minha gana de conquista, esqueci de respeitar seu espaço, sua liberdade. Dela, aprendi que apenas nas relações mais verdadeiras a liberdade coexiste com a devoção ao outro.

Alexandre emendou a linha, usando outra pâncora como isca. Lancei, e em alguns momentos tinha outra truta na mão. Três trutas em três lançamentos, nunca havia visto isso em minha curta experiência com esse tipo de pesca. Mesmo assim, aprendi muito, em particular a respeitar o peixe do outro lado da linha. Peguei três trutas em quinze minutos, mas minha inexperiência fez-me perder a mais especial delas. Só aprendemos com humildade. E estava aprendendo, que era o que importava.

Limites são gatilhos

Quando descemos o rio, as coisas começaram a mudar. A pesca de trutas nunca é previsível. Em um local, pegamos um peixe após outro. Andamos 2 metros, e nada acontece. Comparando os dois lugares, são praticamente idênticos: a mesma temperatura da água, os mesmos pedregulhos, a mesma correnteza, profundidade, insetos. É óbvio que condições que parecem semelhantes para nós são universos paralelos para as trutas. Como todo instrutor ensina, saber "ler o rio", processar todas as variáveis em jogo, é a coisa mais importante na pesca fly. Se você tem apenas duas horas no rio, não quer desperdiçá-las num local inútil. Jeremy, meu mentor na Inglaterra, dizia sempre: "As trutas não perdoam; lançar no mesmo lugar é perda de tempo." Mesmo que seja importante lançar algumas vezes no mesmo local, no intuito de testar iscas diferentes, insistir não levará a nada. Melhor pegar suas coisas e procurar outro lugar rio abaixo ou acima.

Alexandre decidiu explorar uma outra parte, logo após uma pequena cachoeira, onde a correnteza fluía mais rápida. Lançou, e, em segundos, fisguou uma truta.

"Ah-há! Aqui estão elas!", disse, sorrindo, como se tivesse pego seu primeiro peixe. Lancei e... nada. Lancei de novo. Nada. "Ok, vamos descer o rio um pouco", sugeriu Alexandre.

Lancei em todas as direções, buscando os lugares onde as trutas deveriam estar. Nenhuma fisgada. Impaciente, Alexandre tentou também. Nada.

"Melhor irmos para outro lugar. Vamos dar uma caminhada, subir o rio um pouco."

Olhei em torno. O sol explodia no céu, como costuma fazer nessas latitudes. Quatro horas se haviam passado desde que começamos a pescar. A água esquentava a cada minuto. Se eu fosse uma truta, me esconderia em algum canto bem profundo. Alexandre me levou a um ponto onde o rio alargava, com enormes pedras de granito criando poços profundos, onde a água se movia com preguiça. Lancei algumas vezes, sem resultado. Alexandre trocou de isca, usando agora uma ninfa mais escura.

"Lance rio acima e deixe a corrente levar a linha enquanto vai afundando, até passar na frente daquela pedrona." Bingo! Um pulso elétrico sacudiu a vara assim que passou pela pedra. "Tome cuidado recuperando a linha, deixe-a tensa, vara na vertical!", orientou meu guia. Aos poucos, trouxe a truta para perto, uma criatura belíssima, de 1 quilo, mais ou menos, refletindo o Sol no seu colorido prateado. "Rápido! Vamos pô-la de volta na água. Uma truta é preciosa demais para matar."

Santa verdade! Uma truta é preciosa demais para matar, especialmente num rio designado apenas para a pesca fly. (Na realidade, em qualquer rio.) A truta que você devolve à água é a que alguém, talvez você mesmo, pegará amanhã.

O homem é o mais perverso dos caçadores, sempre indo atrás do maior animal, o macho-alfa, o líder da manada. Esse comportamento é o oposto da maioria dos predadores, que vão atrás do menor do grupo, do que fica para trás, do que está ferido. Nosso estilo de caça é altamente destrutivo; ao matarmos o mais forte, enfraquecemos a herança genética do grupo, que perde a vantagem seletiva que esse animal transmite de geração em geração. Isso deveria ser óbvio ao examinarmos o processo reprodutivo da maioria dos animais. Em inúmeros filmes e documentários vemos os machos lutando para poder ter o direito de montar a fêmea. O que ganha o combate, o mais forte ou o mais plumoso passa seus genes para a próxima geração. Ao matarmos o animal mais forte, o alfa, comprometemos a sobrevivência do grupo de forma destrutiva. Os caçadores e pescadores que vão atrás do maior animal, matando o atum ou a truta campeã de peso, ou o veado com a maior galhada, acabam por sabotar o futuro do cardume ou da manada inteira. Quando pescamos ou caçamos por esporte, e não por sobrevivência, deveríamos seguir princípios éticos que garantem a sobrevivência dos animais: repondo o peixe na água e usando armas com balas tranquilizadoras. Podemos sempre tirar uma foto com o salmão de 12 quilos ou o veado com uma galhada de oito pontos para mostrar para a família e amigos.

Continuamos tentando na mesma parte do rio por um tempo sem sorte. Alexandre foi ficando cada vez mais frustrado, subindo o rio, descendo, pedindo que lançasse em todas as direções. Após uma hora disso, sugeri que parássemos para almoçar.

"Vamos ver o que acontece à tarde", disse.

"Não sei se é uma boa ideia", respondeu Alexandre. "A água vai estar ainda mais quente. Você não vai pegar nada."

"Tudo bem", disse. "Já estou feliz com o que conseguimos." Alexandre olhou para mim meio espantado. "Quem sabe você não me dá umas dicas na minha técnica de lançamento, ou em como ler o rio?"

"Ótima ideia!", exclamou. "Vamos comer e depois voltamos."

Com essa mudança de tática, pomos em prática as famosas palavras do sábio chinês Lao Tsé: "Se você não mudar de direção, acabará chegando aonde planejou." Vi que nossa frustração só aumentaria; melhor usar o tempo de forma mais construtiva.

Após um excelente almoço de arroz, feijão e churrasco (foi o último ano em que ainda comia carne), achamos um descampado perto da pousada, onde Alexandre me ensinou várias técnicas de lançamento e manejo de linha. Em duas horas, aprendi mais do que em todas as minhas aulas anteriores. Manter a vara perto do corpo, polegar apontando para cima, pulso firme, movimento rítmico das 11 às 13 horas (em relação ao relógio imaginário onde meio-dia é a posição vertical), esperar que a vara atinja o ponto mais baixo atrás de você antes de relançá-la para a frente; tudo isso otimiza o movimento pendular que transfere, de forma mais eficiente, a energia elástica armazenada na vara na energia cinética (de movimento) da linha. Um estudante que quer aprender e um instrutor talentoso são uma combinação infalível. O que antes era um movimento desengonçado, sem qualquer elegância, foi aos poucos se transformando num movimento fluido, a linha cortando o ar com graça e economia, pousando suavemente 30 metros adiante.

"Acho que agora aprendi de vez", disse, orgulhoso.

"Não", respondeu Alexandre. "Você melhorou, só isso. Ninguém 'aprende' a lançar; no máximo, melhoramos nossa técnica."

Essa é uma lição que podemos usar em muitas atividades, dos esportes ao trabalho. É essencial termos metas e traçar estratégias que nos ajudem a cumpri-las. Assim avançamos, tanto no nível pessoal quanto profissional. O perigo, entretanto, é chegar lá e ficar querendo mais, sem parar para apreciar onde estamos e como chegamos aqui. Mais velocidade, maior precisão, mais resultados, mais dados, mais peixes, melhores lançamentos, mais dinheiro. Quando nos deixamos levar por essa tendência de querer sempre mais, perdemos o rumo, esquecendo por que fazemos o que estamos fazendo, esquecendo de apreciar os resultados que obtivemos até agora. Lembrando mais uma vez das palavras do meu avô: "Um chapéu maior do que nossa cabeça cobre nossos olhos." Portanto, temos que encontrar o tamanho justo do chapéu, continuando a criar desafios sem perder de vista a nossa essência, o que nos levou a essa atividade. Devemos usar chapéus diferentes, mas sempre os que cabem.

Existe um equilíbrio sutil entre querer mais e apreciar o que temos, um equilíbrio entre objetivos e realizações. Com certeza, devemos testar nossos limites; só assim podemos conhecê-los e, possivelmente, superá-los. Não se devem encarar limites como barreiras insuperáveis, mas motivações, o combustível que nos impulsiona adiante. Nos caminhos da vida, onde estamos depende de quão longe queremos ir.

Se não criamos novos desafios para nós mesmos, acabamos estagnando. Por outro lado, se só vemos o desafio, se só queremos mais e mais, sem apreciar onde estamos e o que atingimos durante o caminho, acabamos cegos, sem rumo. O truque, para mim, é encontrar um balanço entre dar tudo o que temos e nos orgulhar do que atingimos, mantendo vivo o ímpeto de tentar um pouco mais duro da próxima vez. Com isso, obtemos um estado de equilíbrio entre o orgulho pessoal e a humildade. Orgulho, por dar valor ao que conseguimos até aqui, e humildade, por saber que sempre podemos melhorar. Muito orgulho e pouca humildade levam à arrogância; pouco orgulho e muita humildade levam à falta de autoestima e a poucas realizações.

O imigrante e as duas rãs

Terminada a lição, tínhamos ainda duas horas antes de voltarmos para a cidade. Pedi a Alexandre para explorar um pouco a região.

"Cavalo ou carro?", perguntou.

"Carro. A última vez que andei a cavalo fiquei três dias quase que imobilizado...", respondi.

A primeira parada foi a principal atração do vale do Silveira, o Cachoeirão dos Rodrigues, uma queda de uns 15 metros no curso do rio que cria uma série de cachoeiras de tamanhos diversos, das pequenas às mais opulentas. Em torno do rio, a Natureza explode numa exuberância verde, a floresta densa intercalada por pastos abertos, pontuados aqui e ali por araucárias.

Fora as vacas pastando, não se avistava uma única pessoa. Pensei de novo no cenário austero das montanhas de Cumbria, na Inglaterra, na severidade dos invernos da Nova Inglaterra, onde moro, e senti enormes saudades do país onde nasci e vivi até os 23 anos, uma idade tão distante agora. As cores, os cheiros, o calor, as pessoas, ainda tão presentes mesmo depois desses anos todos, tão essenciais para mim, para minha identidade. Onde é minha casa, hoje? Brasil? Estados Unidos? Como definir a nossa *casa*? O emigrante está sempre à procura de algo: a casa antiga de sua infância; a casa de seu presente; a paz num futuro incerto, longe da família. As raízes do passado resistem, profundas porém arredias. A família mais distante e os amigos e lugares da infância são memórias apenas, imagens que vão se metamorfoseando com o tempo. A cada visita ao país natal, o contraste entre o presente e o passado, entre memória e realidade, aumenta. Os amigos antigos são quase que irreconhecíveis (muito muda em trinta anos), os lugares que antes eram familiares não existem mais, ou mudaram completamente. Lembro-me de caminhar pelas ruas da minha infância buscando pelo que me era familiar, sabendo que as pessoas que eram parte do meu dia a dia — os porteiros, os vizinhos do prédio, o vendedor da carrocinha da Kibon, o barbeiro da esquina — não estão mais conosco; que as árvores em que costumava subir foram cortadas para alargar a rua; que as lojas eram todas diferentes; que eu sou diferente. Olhava para os prédios da minha rua, e sentia a sensação de que havia sido despossuído de uma parte da minha história, como se minha vida fosse um livro com os capítulos intermediários faltando. Não existe um museu ou cemitério para o nosso passado, um lugar onde podemos revisitar as memórias que o tempo apagou. Tudo o que resta é o que podemos nos lembrar. Hoje, evito passar pela rua em que cresci. Prefiro preservar a lembrança que tenho dela, que continua viva em mim, mesmo se distorcida.

O emigrante que constrói um lar distante de seu país tem que estabelecer novos laços. A família ainda está lá, no país natal, e visitas são sempre ocasiões emocionantes. Mas vivemos no dia a dia e não no passado; precisamos criar uma nova história nesse novo lugar. Para sobreviver, o emigrante precisa se reinventar. Cheguei nos Estados Unidos com 27 anos, e criei não só uma carreira profissional mas, sobretudo, uma nova linhagem da família Gleiser com meus cinco filhos. Por outro lado, parte de mim nunca saiu do Brasil, e sinto-me em casa sempre que retorno. Serei sempre aquele menino que pescava em Copacabana.

O maior erro que um emigrante pode cometer é se esquecer de onde veio, de suas raízes. Uma pessoa que apaga seu passado apaga sua própria história. Talvez alguns precisem fazer isso; certamente, não é o meu caso. Quando volto e escuto um bem-te-vi, ou vejo o Cruzeiro do Sul no céu tropical, sinto a mesma saudade que senti naquela tarde no vale do Silveira. Sob a curta perspectiva de uma vida humana, os pássaros e as estrelas estavam lá antes de mim, e estarão lá bem depois. Agora, entendo que a dor que sinto não é tanto pelo passado perdido; é pelo futuro que se encurta a cada dia, pelo tempo que não terei. Olho para minha mulher e meus filhos sabendo que cada novo dia que tenho para amá-los é um dia a menos que tenho para amá-los.

Quando lidamos com perda, temos duas opções: ou deixamos a dor nos afundar e sabotamos o curto tempo que temos, ou celebramos a vida, lutando para fazer com que cada dia seja especial. Mesmo que seja difícil encontrar a disposição para celebrar em certos dias, optei pela vida, e uso como mote as linhas imortais do poeta Dylan Thomas, que escreveu um poema ao pai que morria, tentando lhe dar força na luta contra a doença que o levava: "Lute, lute contra o apagar da luz. Não se entregue docilmente à boa noite."

Quisera ter dito isso ao meu pai que, para desespero dos que o amavam, cortejou sua noite com um fervor doentio, sufocando a alma na fumaça dos cigarros que não tirava da boca. Tinha pressa, confessou, para encontrar minha mãe. "Está na hora, meu filho", disse, cigarro entre os dedos amarelados, dois meses antes de morrer de câncer no pâncreas, aos 62 anos.

O amor pode fazer isso, distorcer nossa visão de propósito a ponto de tornar a promessa do eterno em algo mais real do que o que ocorre na nossa frente.

É triste pensar que esse é o mesmo homem que me sentava no seu colo quando era menino, cheio de dúvidas quanto ao meu futuro, e me contava a lenda das duas rãs e do balde de leite, que agora conto aos meus filhos.

"Era uma vez, duas rãzinhas que caíram num balde cheio de leite. A primeira rãzinha nadou e nadou, batendo as perninhas, tentando pular para fora do balde. Mas o balde era alto, e suas pernas, pequenas. Logo ficou cansada e desistiu de lutar, morrendo afogada em segundos. A segunda rãzinha era diferente. Mesmo cansada, não desistiu, e continuou batendo as pernas com toda a força. Tanto fez que o leite foi engrossando e virou manteiga. A segunda rãzinha respirou fundo e, usando toda a força que lhe restava, deu um grande pulo para fora do balde."

Quando terminava, meu pai me olhava com seus olhos castanhos, sabendo muito bem o efeito que a história tinha em mim. "E então, Marcelo, que tipo de rã você vai ser na vida?" Desde então, nunca parei de bater as pernas.

3.

Sansepolcro, Toscana, Itália

*É melhor não traçar conjecturas arbitrárias
sobre as grandes questões.*

Heráclito

A truta de Michelangelo

Em 2008, minha devoção à pesca fly havia chegado ao máximo. Tinha, também, começado uma nova linha de pesquisa, a origem da vida, uma das questões científicas mais fascinantes da atualidade. Minha paixão pela pesca era tamanha que os longos invernos da Nova Inglaterra me pareciam um castigo. Como os entusiastas locais do motociclismo, que são forçados a guardar a moto na garagem por cinco ou seis meses ao ano (olho com dó para a minha Triumph, coberta por uma lona num canto do nosso celeiro de novembro a abril), só podemos pescar aqui de meados de abril ao fim de outubro. Alguns heróis se aventuram a entrar nos rios durante o inverno, algo que tentei e falhei miseravelmente. Entre ter minha linha cortada por pedaços de gelo, e os dedos congelados a tal ponto que ficava cinco minutos tentando dar um nó, decidi que era melhor esperar. Tento me convencer de que é bom esperar; que, quando chegar a hora certa, a gratificação será ainda maior.

Por essas bandas, as pessoas gostam de dizer: "Se você não domina o inverno, o inverno domina você." Para dominar o inverno, as pessoas praticam inúmeros esportes: esqui, patinação no gelo, caminhadas pelos campos nevados com raquetes de neve, aqueles calçados que parecem com uma raquete de tênis usados para andar na neve sem afundar (muito). Não incluo na lista uma curiosa modalidade da pesca conhecida como pesca no gelo. As pessoas fazem um buraco na superfície congelada de rios e lagos e lançam a linha, esperando sentadas numa cabana aquecida por uma fisgada. Não dá para chamar isso de esporte.

Fico, então, na espera do calor, aliviando minha frustração de não poder pescar lendo livros da vasta literatura sobre a pesca fly, dos clássicos como o de Izaak Walton aos mais modernos, como o inspirador romance de David James Duncan, *The river why* [*O rio do porquê*]. Considerei a possibilidade de aprender a fazer minhas próprias iscas artificiais com penas e fios coloridos, mas logo ficou claro que não teria tempo para mais essa atividade. Às vezes, a vida se intromete nos seus planos.

Enquanto contava os dias até a abertura da estação de pesca (em geral, após os rios acalmarem depois do degelo da primavera, em torno de 15 de abril), recebi um convite para ir a Florença, para participar de uma conferência organizada pela Sociedade Internacional de Astrobiologia (ISSOL). A sigla tem significado histórico. Quando foi fundada em 1973, os membros da Sociedade Internacional para o Estudo da Origem da Vida pesquisavam principalmente a questão da origem da vida na Terra. No entanto, com os avanços espetaculares da astronomia, a convergência de interesse na questão da origem da vida entre disciplinas diversas — da geologia e da astronomia à bioquímica e à genética — e o apoio financeiro da Nasa e da Agência Espacial Europeia, o estudo da possibilidade de vida extraterrestre transformou-se num tópico popular de pesquisa para cientistas de áreas diversas. Hoje, o nome "astrobiologia" inclui tanto o estudo da origem da vida na Terra como a possibilidade de vida em outros corpos celestes.

Retornar à Toscana — um dos meus lugares favoritos no mundo — para participar de uma conferência reunindo alguns dos maiores cientistas do mundo na área de astrobiologia era irresistível. Mas e a pesca fly? Será que existia algo na região, perto de Florença? Mais uma vez, a internet foi a salvação. A busca me levou direto a Luca Castellani, um guia na pequena cidade de Sansepolcro, na província de Arezzo, onde a Toscana faz fronteira com a Umbria, e a pesca fly encontra a Renascença.

"Vá até a pensão Podere Violino", instruiu Luca, "que é também a sede do nosso clube de pesca. O Mosca Club Altotevere. O mais fácil é pegar um táxi de Arezzo até lá."

O plano era passar dois dias pescando perto do local onde nasce o famoso rio Tevere, o mesmo que atravessa Roma com suas águas esbranquiçadas. Para minha grata surpresa, descobri que o local está entre os dez melhores para a pesca fly na Europa, com nascente na saída do reservatório Montedoglio, o que garante que a água está sempre na temperatura certa para as trutas, mesmo no quente verão toscano.

Praticar a pesca fly na Toscana seria uma experiência completamente nova para mim, uma fusão única do existencial e do lírico. Para os membros do Mosca Club, a pesca fly é uma ponte entre o presente e o passado venerável da região, onde a modernidade, ou uma boa fração dela, começou a tomar forma. Dentre as muitas luminárias locais, o grande pintor renascentista Piero della Francesca nasceu em Sansepolcro. Bem perto dali fica a cidade de Caprese, onde nasceu Michelangelo, em 1475.

A obra-prima de Piero, *A ressurreição*, terminada em torno de 1460, ainda adorna as paredes do Museu Cívico da cidade. Num ensaio de 1925, o autor inglês Aldous Huxley considera o quadro o "melhor do mundo". Cristo, corpo musculoso, emerge vitorioso da morte, o pé esquerdo posicionado sobre o seu túmulo, a mão direita empunhando uma bandeira como se numa guerra, enquanto seu olhar, perdido na distância, parece vislumbrar uma outra realidade, mais divina do que humana. Curiosamente, o quadro contém dois pontos de fuga; o ponto numa tela onde diversas linhas parecem convergir, criado com o intuito de dar à obra um senso de perspectiva. Na tela de Piero della Francesca, ambos os pontos são posicionados estrategicamente de modo a separar o domínio humano (quatro guardas dormem na parte inferior do quadro) do domínio divino, simbolizando as duas dimensões da existência.

Não há dúvida de que os toscanos merecem ter orgulho de sua tradição cultural. O que me impressionou profundamente foi como os membros do clube de pesca fly combinam história e filosofia com sua atividade principal, criando uma experiência verdadeiramente única. Como ilustração, eis um texto encontrado no portal do clube:

> A pesca fly é mais do que uma atividade; é uma busca por uma união com o mundo natural. Você sente o vibrar das pedras sob suas botas, vê as ninfas nadando como pequenos dardos nas águas, colidindo contra suas pernas. Você respira pelas guelras do peixe, sente o seu medo, o perigo do momento. Feliz é o pescador que, ao entrar na água, consegue libertar-se das formalidades da vida, apurar seus sentidos, tornar-se um dos eleitos.
>
> Apenas quando o pescador combina arquétipo e memória é que consegue transcender seu ego para tornar-se uma expressão única de seu ofício. Um grande pescador é, ao mesmo tempo, um romântico, uma criatura medieval, um pintor da escola flamenga, um italiano de 1200, um amante da imaginação revolucionária que definiu a Renascença. É tudo isso, combinando coração e intelecto.
>
> Pode ver, sentir, detectar as mensagens, a iconografia daqueles que, muito antes dele, passaram por essas mesmas águas. Veja; concentre-se. Escute as histórias, gravadas nos murmúrios da corrente que flui...

Em que melhor lugar, se não no coração da Renascença, essa expressão única da imaginação humana, podemos encontrar uma aliança entre a pesca fly, a cultura e a nossa busca por sentido? Para Luca e seus colegas do Mosca Club, pescar é um ritual que nos transporta a uma outra realidade, sagrada e pura, um ato de devoção, de reverência. Devoção à história, à Natureza, à cultura, à liberdade. Mal podia esperar para participar desse ritual, uma celebração da vida e do estar vivo, fazer parte de um grupo de pessoas que eleva a pesca fly a um novo nível de sofisticação técnica e estética.

Luca é alto, elegante, alguém que vive e respira para pescar. É um monge, devoção absoluta. Recebeu-me com aquele entusiasmo contagiante dos italianos, feliz por me conhecer e por saber que em breve estaria dividindo comigo os segredos do seu templo, as águas do Tevere.
"Benvenuto, Marcelo. Mas você não é italiano, certo?"
"Não, o meu Marcelo é a versão brasileira, com um "l" apenas. Era um nome bastante popular quando era pequeno. Na segunda série, éramos três Marcelos em vinte alunos."
"Mas seu italiano é ótimo. Bravo!"
"Adoro a sua língua. Cantada, feito o português do Brasil."
"Você vai cantar amanhã, quando entrar nas águas mágicas do nosso Tevere."
"Mal posso esperar!"
"Mas, antes, deixe-me levá-lo ao nosso clube."
A sede do Mosca Club Altotevere fica no primeiro andar da pensão Podere Violino, em frente a um belo pátio, com o charme típico da Toscana. Paredes pintadas em tons alaranjados fortes, jardins com gerânios, rosas, lírios, as papoulas-vermelhas, minhas preferidas, figueiras, oliveiras, o perfume de jasmim suspenso no ar. Dentro, as paredes do clube são decoradas por fotos de vários membros empunhando suas trutas, comendo espaguete e bebendo vinho em grandes banquetes ao ar livre, pôsteres de competições de pesca, gravuras de pescadores solitários, montanhas perdidas na distância. Foi como entrar em casa.
"Olhe aquilo ali", disse Luca, apontando na direção de uma moldura perto da janela central do salão. "Essas são as melhores iscas, selecionadas no campeonato do ano passado. O que você acha?"
Protegida por um vidro estava a coleção de iscas mais espetacular que havia visto na vida. Uma profusão de penas coloridas, em diversos tons de azul-turquesa, verde e vermelho, decorando anzóis, cada qual um objeto de arte. Uma delas parecia uma borboleta azul iridescente,

daquelas que vemos na Mata Atlântica; outra, um pavão usando uma coroa dourada. Era o casamento da pesca fly com as plumas e máscaras do exótico carnaval de Veneza. Essas iscas não eram para ser usadas; eram objetos de pura beleza, celebrando o talento dos artesãos italianos, mestres de uma tradição ancestral, homenagens à simetria, oferendas ao rio, às trutas.

"Nós chamamos as trutas aqui de *trota Michelangelo*. Você sabe que o grande pintor nasceu bem perto de Sansepolcro, não? Quando pegar uma amanhã, vai ver que é a truta mais bela que existe, como se tivesse sido decorada pelo próprio mestre."

Foi difícil dormir naquela noite. Fora a excitação de estar onde estava, tomei dois cálices a mais de Rosso de Montalcino e exagerei na *ribollita*, a deliciosa sopa toscana, com pão, couve, favas brancas e cenoura, regada de azeite extravirgem e decorada com pedacinhos de cebola e lascas de Parmigiano-Reggiano. Só escrever sobre ela me dá vontade de voltar lá agora. Meu estômago e minha cabeça estavam felizes e estufados, antecipando o dia seguinte, quando entraria nas mesmas águas onde Petrarca, Michelangelo e Piero della Francesca lavavam seus pés nos dias quentes de verão. Podia vê-los descendo a trilha que flanqueava o rio, inspirando-se na beleza de suas águas.

Na manhã seguinte, após a xícara de cappuccino e duas fatias de pão com mel, Luca e outro membro do clube me levaram ao rio. Meu guia me deu uma vara peso-5, com uma isca um tanto estranha já amarrada no fim da líder, a antítese das obras de arte que havia visto na sede do clube. Parecia um pregador de roupas cinza com uma listra amarela no meio.

"Eu sei, muito feia, *la poverina*. Mas essa coisa estranha funciona muito bem por aqui", disse Luca, vendo minha surpresa. "Será que funciona no seu rio também? Você precisa tentar e me dizer."

"Claro", respondi, olhando em torno, boquiaberto. O Tevere aqui é relativamente estreito, não mais do que 8 metros de largura, com águas verde-esmeralda que fluem com velocidade variada, dependendo da profundidade. Repleto de lugares perfeitos para as trutas se esconderem, esperando que sua comida derive corrente abaixo. Difícil imaginar que esse é o mesmo rio que passa junto aos muros do Vaticano.

"Lance corrente acima e deixe a linha derivar livremente", instruiu Luca. "Não lance longe demais, se não a linha se emaranha na vegetação da margem oposta."

Claro que foi exatamente o que aconteceu nos meus primeiros lançamentos. Luca sorriu em silêncio, acostumado com os novatos que tentavam a sorte nessas águas.

"Depois que você pegar algumas por aqui, tenho uma surpresa."

"Ok, agora vai", disse, concentrando-me ao máximo. Logo peguei o jeito, mantendo o braço que segurava a vara perto do meu corpo. Entrei um pouco mais fundo no rio, mirando uma árvore tombada bem ao longo da margem oposta, protegida ainda pelas sombras da vegetação. Uma das lições mais básicas da pesca é evitar que sua sombra seja projetada sobre a água. Caso contrário, a truta o confunde com um predador, um falcão ou águia, e some imediatamente nas profundezas. Posicionei-me contra o sol e lancei. Em segundos, a vara dobrou num arco perfeito, digno de uma igreja renascentista, e saudei minha primeira truta Michelangelo, que sem dúvida não gostou nem um pouco de ter sido enganada por um estrangeiro com um falso nome italiano.

Luca é um guia exemplar, presente mas sempre mantendo-se a distância, dando liberdade ao pupilo para que aprenda ao errar. Já me conhecia bem o suficiente para saber que, para mim, a pesca é uma atividade solitária. Quando entro num rio, gosto de ficar sozinho, de preferência sem ver ninguém. Eu e a água, a correnteza fluindo entre minhas pernas, a música dos insetos, a luz do sol tingindo tudo com seu tom dourado, o mesmo que adorna a cabeça da Madona em tantas telas renascentistas que decoram as igrejas e monastérios dessa região. Em suas mãos, Jesus ainda bebê, iluminado pela luz divina.

Enquanto trabalhava para fisgar um punhado de trutas, notei que o amigo de Luca devia ter fisgado pelo menos umas quinze, com uma facilidade desconcertante. Cada vez que lançava, recolhia uma truta. Inacreditável.

Olhei para Luca, incrédulo.

"Como que ele faz isso?", perguntei.

"Ah, ele está sempre aqui. Tem *testa di trota*, entende?" O cara pensava como uma truta, era isso que Luca quis dizer. "Mas deixa ele para lá. O importante é a *sua* experiência, o que você está conseguindo fazer hoje."

Mesmo assim, esse tipo de pesca de alta eficiência me incomodava. Qual o ponto, se é assim tão fácil? Se você ganha sempre, qual a graça em competir?

Seguindo o conselho do meu guia, aumentei minha concentração e fui para outro lugar mais isolado, rio abaixo. Um lançamento curto junto a uma grande pedra produziu uma criatura espetacular, dourada com pintas vermelhas ao longo do corpo, a cauda escura fazendo um contraste maravilhoso. Essa havia caído por uma isca rosa-shocking, talvez em busca de algo para vestir no baile que haveria naquela noite. Sua simetria imperfeita expressava uma beleza que só podia ser chamada de divina.

"OK, agora posso contar qual a surpresa. Vamos voltar aqui de noite, para você ter a experiência de pescar na escuridão", disse Luca, admirando a truta. Assim que Luca tirou a foto, apressei-me em devolvê-la ao rio. "Cuidado ao tirar o anzol, para não machucar a bichinha", disse.

Nunca havia encontrado um pescador tão atento ao peixe. A maioria devolve o peixe ao rio, como deveria ser. Mas Luca vai além, certificando-se de que a truta está bem antes de devolvê-la. É como se pudesse sentir o anzol nos próprios lábios. E olha que esses anzóis eram lisos, sem aquela protuberância que dificulta o escape do peixe. Esse tipo de anzol torna a pesca bem mais difícil, porém bem mais gratificante e equilibrada, minimizando o mal que fazemos ao peixe. Perdemos um número maior deles, mas os que pegamos podemos atribuir à nossa habilidade, e não a um pedaço de metal desonesto.

Após um enorme prato de *pasta e fagioli* e menos vinho do que na noite anterior, voltamos ao rio, sob um céu sem Lua. Com uma lanterna na cabeça e uma vara na mão, Luca levou-me para um local onde o rio era mais raso e amplo.

"Tente lançar na direção da margem oposta, deixando a linha fluir com a corrente; de noite, não importa tanto como a linha bate na água ou se causa uma pequena turbulência. A truta tem a visão limitada e ataca meio que às cegas."*

No início, estava um pouco tímido, achando que ia cometer erros idiotas, enrolando a linha na vegetação, perdendo a isca. Por outro lado, estava muito curioso para ver como isso funcionaria. Para minha surpresa, após duas horas, havia fisgado quatro trutas e capturado duas; nada mal para um iniciante da pesca fly noturna.

"A melhor parte da pesca noturna é que, sem a visão como guia, você tem que pescar instintivamente", disse Luca. "É a forma mais íntima de pesca, uma comunhão entre você, a água, a vara e a truta; sem distrações, é poesia pura."

Na volta, senti-me diferente, transformado, como se estivesse num outro plano de existência. Algo ocorreu quando encarei o desafio de ir além dos meus limites, experimentando uma coisa nova, que não sabia se seria capaz de fazer. Finalmente, após tantos anos de aprendizado, senti que estava preparado para pescar em qualquer lugar, sob qualquer condição. Claro, sabia que tinha muito ainda para aprender, que sempre teria. Mas o que antes era o medo do novo, do desafio, agora era entusiasmo, antecipação. Naquela noite, entendi que só quando perdemos o medo de abraçar o novo, o desconhecido, é que conseguimos mudar. Aprendi que a incerteza é a mãe da transformação.

Na volta, vi o menino do outro lado do rio, translúcido, acenando animado. Queria que eu desse mais um passo no monastério, em direção ao altar. Vi as velas e o incenso ardendo, uma almofada dourada no chão convidando-me para sentar e contemplar. Olhei para as velas e o incenso por um longo tempo, mesmerizado. As chamas queimavam, mas não consumiam. Lembrei-me de Moisés e do arbusto que queimava mas não se consumia, e fiquei esperando por uma voz, por um sinal. Nada. Silêncio completo, exceto o fluir das águas. Se Deus estava ali, preferiu não falar. Ou, talvez, sua voz fosse o rio.

---

* De dia, a isca deve pousar sobre a água o mais delicadamente possível, e a turbulência deve ser evitada a todo custo.

"Amanhã, vamos ao meu lugar secreto", disse Luca, tirando-me de meu devaneio. "Você merece!"

Naquela noite, o menino voltou em meus sonhos. Sua cabeça brilhava com o esplendor do Sol toscano. Dessa vez vinha acompanhado, de mãos dadas com sua mãe. Um longo véu azul-marinho cobria sua cabeça, decorado de estrelas douradas, como a Virgem nos quadros do início da Renascença. Os dois flutuavam juntos em minha direção, descendo das colinas distantes, sorrindo. À sua esquerda, as árvores estavam nuas, desprovidas de folhas e flores, a terra árida; à sua direita, as árvores floresciam, a terra plena com o viço da vida. No céu, o Sol também era metade escuro, metade brilhante. A mãe do menino se aproximou e me beijou na testa. A última vez que havia me beijado era eu o menino, com apenas 6 anos. Mas estava presente agora, viu o que fiz, o que aprendi; entendi então que estava sempre presente, vendo-me crescer de menino a homem. Olhei para ela, bebendo a luz que vinha dos seus olhos; queria tê-la dentro de mim, tê-la viva em mim. "Não se aflija tanto, Marcelo. Estou aqui com você. Sou parte de você; o que você faz, eu faço contigo." Sorrindo, minha mãe retornou ao menino e pegou sua mão. Os dois partiram em direção às colinas, desaparecendo ao longe.

Quando o alarme tocou na manhã seguinte, não consegui abrir os olhos. Estavam grudados, os olhos de quem havia chorado durante os sonhos.

Origem da Terra, origem da vida

Após minha imersão na pesca, era hora de mudar de ritmo e partir para Florença, onde participaria da conferência internacional sobre a origem da vida na Terra e a possibilidade de vida extraterrestre. Poucos temas em ciência exercem tamanho fascínio, tanto para o público não especializado como para os cientistas.

Considere a vida como a conhecemos. Passeando por uma floresta, mergulhando num recife de corais, ou, para os mais urbanos, assistindo a um documentário da BBC dirigido por David Attenborough, é impossível não se maravilhar com a imensa variedade de criaturas vivas. De micróbios a águias, de sementes a sequoias, a vida ocupa todos os nichos que acha. Como que essa realidade tão complexa se relaciona com a história do nosso planeta, uma pequena esfera que surgiu há aproximadamente 4,54 bilhões de anos dos restos da matéria primordial que formou o Sol? Como que a Terra, estéril na sua infância, se transformou nesse centro esfuziante de vida? Por que a vida é tão abundante aqui e ausente em Vênus ou Júpiter, por exemplo? O que faz da Terra um planeta tão especial?

No início, o que viria a ser o sistema solar era apenas uma gigantesca nuvem de hidrogênio — o elemento químico mais abundante no Universo —, salpicada de elementos mais pesados, do carbono e cálcio ao ouro e urânio. Qual a origem desses elementos químicos? Sabemos que os dois mais leves, hidrogênio e hélio, foram forjados durante a infância cósmica, bem antes de as estrelas existirem. Outros elementos leves foram sintetizados durante os primeiros minutos de vida do cosmo, incluindo o lítio e o deutério (um tipo de hidrogênio com um nêutron junto ao próton em seu núcleo atômico, o que chamamos de isótopo), mas em quantidades bem menores. Hidrogênio e hélio dominam a composição cósmica, na percentagem de 75% e 24% do total, respectivamente. Todos os outros elementos da Tabela Periódica foram sintetizados bem mais tarde em estrelas, pelo processo de fusão nuclear.

A vida das estrelas é um cabo de guerra entre a atração gravitacional, que tenta causar sua implosão, e a energia explosiva liberada pela fusão de elementos químicos em seu interior. As duas forças se contrabalançam por milhões, ou mesmo bilhões de anos. Nosso Sol, por exemplo, tem sua vida estimada em 10 bilhões de anos. Está com 5 bilhões. Eventualmente, o interior da estrela não tem mais nada para fundir e balancear a gravidade, então ela implode até ricochetear furiosamente, espalhando sua matéria pelo espaço. Essa matéria é composta de hidrogênio e hélio, e, também, pelos elementos químicos mais pesados em proporção bem menor.

Somos realmente feitos de poeira das estrelas, os restos animados de estrelas mortas, pequenas amostras de matéria pensante. Quando vislumbramos os céus, olhamos para nossa própria origem. Talvez seja essa a razão do nosso fascínio com o cosmo, estabelecer uma conexão com as nossas raízes ancestrais, perdidas nas sombras de um passado distante. E há quem diga que não existe poesia em ciência.

Os produtos químicos de uma estrela, seus restos, dependem de sua massa. Estrelas leves, como o nosso Sol, conseguem fundir hidrogênio em hélio, e hélio em carbono e oxigênio, parando por aí. Apenas estrelas mais pesadas são capazes de fundir elementos como cálcio, ferro ou manganês, no final de sua existência. Muitos são forjados durante a explosão que marca a morte da estrela, conhecida como supernova. Esse ciclo de vida e morte das estrelas se repete por todo o cosmo. Neste momento, estrelas estão nascendo e morrendo em bilhões de galáxias espalhadas pela vastidão do espaço. Tal como o Sol, a maioria tem planetas girando à sua volta. São, portanto, outros sistemas estelares, trilhões de mundos na nossa galáxia apenas, cada qual com sua história. Na grandiosa narrativa cósmica, não existem duas estrelas iguais, ou dois planetas iguais.

Cerca de 5 bilhões de anos atrás, uma gigantesca nuvem de hidrogênio flutuava calmamente na nossa galáxia, enquanto girava lentamente em torno de si como um pião preguiçoso. Estrelas vizinhas, no final de seu ciclo de vida, explodiram violentamente, enviando ondas de choque que atravessaram o espaço interestelar a velocidades que chegam a 30 mil quilômetros por segundo, um décimo da velocidade da luz. Essas ondas semearam o espaço com os elementos químicos essenciais à vida. Eventualmente, colidiram com a nuvem de hidrogênio. A violência do choque iniciou o colapso gravitacional da nuvem, que começou a implodir, enquanto girava em torno de si mesma. Ao diminuir de tamanho, a nuvem foi girando cada vez mais rápido, achatando nos polos feito massa de pizza. A maior parte da matéria concentrou-se no centro, enquanto os restos continuaram a girar à sua volta.

Com o passar do tempo, a massa no centro tornou-se densa e quente o suficiente para iniciar o processo de fusão nuclear: nasceu uma estrela, no caso, o nosso Sol. A matéria que sobrou à sua volta foi coagulando em mundos diferentes, de tamanho e composição variada. Em menos de 1 bilhão de anos, o sistema solar se formou, a Terra sendo o terceiro planeta a partir do Sol, após Mercúrio e Vênus. O que ocorreu aqui ocorre em todo o Universo. A morte de uma estrela causa o nascimento de outras, a Natureza em fluxo constante. A energia flui e a matéria dança, assumindo formas, ora criando padrões, ora destruindo-os.

Dos mundos que nasciam em torno do Sol, a Terra era um aglomerado incandescente de matéria, aproximadamente esférico, borbulhando enquanto tomava forma e se resfriava. Restos de material não coletado em outros planetas, asteroides e cometas, colidiam impiedosamente com a jovem Terra, aumentando ainda mais o caos, enquanto depositavam seus tesouros: água e uma enorme variedade de compostos químicos, incluindo alguns orgânicos, aqueles contendo carbono, mesmo se ainda simples. Os céus davam e torturavam. As coisas começaram a se acalmar apenas após 600 milhões de anos, em torno de 3,9 bilhões de anos atrás. Se, porventura, alguma criatura viva existiu antes disso, foi destruída sem dó, sem deixar qualquer traço de sua breve existência. A vida pode ter tido muitas origens, perdidas num tempo sem história. Para entender a história da vida na Terra, precisamos entender a história da Terra. Isso é tanto verdade aqui quanto em qualquer outro planeta ou lua onde a vida pode existir, passado, presente e futuro: a história da vida num planeta depende de forma essencial da história da vida do planeta.

Dado que cada planeta tem sua própria história, a vida e suas características específicas são únicas: se considerarmos a vida um experimento, ele não se repetiu da mesma forma em dois mundos diversos. Mesmo que a vida siga os mesmos princípios no Universo inteiro, baseada no carbono e seguindo as leis da evolução darwinista segundo a seleção natural, será única em cada mundo em que existir, cada criatura sofrendo mutações e evoluindo de forma a maximizar sua adaptabilidade ao mundo em que existe.

Esse fato nos afeta diretamente. A vida na Terra é única: se houver vida em outro lugar, será necessariamente diferente. Dado que somos a forma de vida mais sofisticada neste planeta — amo baleias, golfinhos, macacos, cachorros, gatos etc., mas me refiro aqui à nossa capacidade de raciocínio —, somos únicos como seres inteligentes. Se a vida inteligente existir em algum outro sistema estelar, será diferente da gente, mesmo que possa dividir alguns dos nossos traços, como uma simetria aproximada entre o lado esquerdo e o direito, ou um sistema circulatório com um coração. Além disso, essa vida inteligente estará tão longe que, na prática, estamos sós. Sendo assim, temos um papel central no Universo, sendo a expressão material de sua inteligência, o que chamo de "humanocentrismo".

Portanto, a próxima vez que alguém lhe disser que nada somos perante a vastidão do Universo, ou que a ciência nos mostra o quanto somos irrelevantes, você já sabe como responder. Nossa importância cósmica vem da nossa raridade, de sermos aglomerados de moléculas capazes de se organizar a ponto de criar um ser pensante, vivendo num planeta também raro pela sua estabilidade, capaz de manter as condições necessárias para abrigar a vida por bilhões de anos. Essas duas condições — a existência de vida inteligente e um planeta estável o suficiente para abrigá-la por muito tempo — são raras, provavelmente *extremamente* raras no cosmo.

Voltando à origem da vida na Terra, o que sabemos com certeza é que estava presente há pelo menos 3,5 bilhões de anos, na forma de organismos unicelulares extremamente simples conhecidos como procariotas. Essas criaturas primitivas, contendo material genético ainda não protegido num núcleo, foram identificadas em estromatolitos, formações rochosas parecidas com tortas de várias camadas encontradas na costa oeste da Austrália. Alguns cientistas afirmam ter evidência de que a vida existiu antes disso, embora seus achados estejam ainda sendo disputados pela comunidade. De qualquer modo, se existiram, formas de vida mais antigas só poderiam ter sobrevivido após o último "grande bombardeio" de cometas e meteoros ter se acalmado, cerca de 3,9 bilhões de anos atrás.

Considerando a enorme complexidade dos seres vivos, mesmo os mais simples, se a primeira criatura emergiu 3,5 bilhões de anos atrás, seriam "apenas" 400 milhões de anos após o fim do grande bombardeio, o que é relativamente rápido numa história de mais de 4 bilhões de anos. Isso é um bom sinal para a existência de vida extraterrestre em mundos com condições propícias. Se aconteceu aqui, por que não em outros lugares? Mas antes de declarar com certeza a existência de ETs, é bom lembrar que o pulo é imenso entre compostos orgânicos relativamente simples, como os aminoácidos, que compõem as proteínas, até uma célula viva. Mesmo a criatura mais primitiva precisa de milhões de moléculas trabalhando em conjunto para viver, gerando um metabolismo capaz de transformar comida em energia e de protegê-la contra as intempéries do meio ambiente e o ataque de predadores. Ademais, a vida só é viável quando é capaz de se reproduzir, criando gerações sucessivas. De fato, sem reprodução, o próprio conceito de espécie não faz sentido. Ao nível mais básico, portanto, criaturas vivas são máquinas moleculares capazes de se reproduzir segundo os princípios da evolução darwiniana sujeitas ao processo de seleção natural.

Das três questões relacionadas com a origem da vida — Quando? Onde? Como? —, a mais simples é "Quando?". Mesmo que seja essencialmente impossível saber se a amostra que temos de vida primitiva seja, de fato, a primeira (é sempre possível encontrar outra mais antiga, ao menos até chegarmos na era do "grande bombardeio"), a resposta depende apenas dos métodos de identificação utilizados. A bioquímica e a geoquímica que identificam traços de nossos antepassados distantes em amostras de minerais com quase quatro bilhões de anos são, sem dúvida, extremamente complexas e sutis. Mas não existe um obstáculo conceitual impedindo que uma resposta seja encontrada. Já as questões "Onde?" e "Como?" são uma outra história, mesmo que todas estejam relacionadas entre si.

Não sabemos onde a vida surgiu. Em seu clássico *A origem das espécies*, Darwin sugeriu que o local ideal seria em poças de água morna saturadas de compostos orgânicos, uma espécie de sopa pré-biótica com os ingredientes e condições propícias para que as reações químicas tomassem o rumo correto para formar uma criatura viva. Sua intuição provavelmente está correta, pois um meio líquido propicia a mobilidade necessária para que as moléculas se encontrem e reajam entre si. Ademais, a Terra primordial tinha poucas áreas de terra firme, sendo coberta por um oceano raso. Poças suscetíveis a variações de profundidade devido a marés altas e baixas (bem dramáticas na época) forneciam condições excelentes para que os compostos químicos reagissem — uma possibilidade que explorei com minha então estudante de doutorado Sara Walker, agora professora na Universidade Estadual do Arizona.

Existem outras alternativas, cada qual com vantagens e desvantagens, como certos tipos de barro — onde a estrutura com fissuras oferece uma espécie de molde molecular que pode ajudar certas reações importantes no início da vida, ou chaminés nas profundezas dos oceanos que emitem água quente e compostos ricos em enxofre e outros minerais, produtos da atividade vulcânica subterrânea. É possível, também, que a vida tenha tido origens diferentes em locais e condições diferentes. Por exemplo, o pontapé inicial que lançou a química pré-biótica na direção da vida pode ter vindo do espaço, na forma de restos de cometas e asteroides que salpicaram a superfície da Terra primitiva com os ingredientes químicos que faltavam por aqui. Dada a incrível versatilidade da vida, perseverando e existindo em abundância em condições extremas de calor, frio, salinidade e acidez, é aconselhável manter a cabeça aberta e considerar vários locais e condições onde a vida pode ter surgido.

Já a pergunta "Como a vida surgiu?" permanece misteriosa. As formas de vida mais simples que conhecemos, os seres unicelulares denominados procariotas, são, com certeza, muito mais complexos do que seus ancestrais, que surgiram em torno de 3,5 bilhões de anos atrás. Ao contrário da física, onde podemos buscar com sucesso pelos tijolos fundamentais da matéria numa desconstrução sistemática do grande ao muito pequeno — da matéria visível às moléculas, das moléculas aos átomos, dos átomos às partículas elementares —, na biologia chegamos a um beco sem saída: a célula primitiva. Podemos imaginar um próton e um elétron atraídos eletricamente para formar um átomo de hidrogênio, e podemos calcular suas propriedades com precisão, incluindo quando esses átomos surgiram na história cósmica (cerca de 380 mil anos após o Big Bang). Por outro lado, uma célula, mesmo que primitiva, já é uma entidade extremamente complexa, com milhares de moléculas diversas com funções diversas, cercadas por uma membrana protetora que, como um segurança numa boate, deixa apenas algumas coisas entrarem, barrando outras.

Dada a dificuldade da questão, cientistas adotam duas estratégias. Numa, que podemos chamar "do maior ao menor", consideram uma célula simples e vão sistematicamente despindo-a de seu material genético e de outras moléculas até chegarem a uma criatura contendo a complexidade molecular mínima para se manter viva; a essência de algo vivo. Na outra estratégia, oposta, cientistas tentam construir uma entidade viva indo "do menor ao maior", juntando moléculas diversas como se fossem peças de Lego, até que, a um determinado nível de complexidade, essa coleção de moléculas atingiria um ponto de transição e se tornaria viva. Na conferência em Florença, assisti a apresentações de cientistas dos dois grupos, descrevendo o progresso de suas pesquisas. Até agora, nenhuma das duas estratégias funcionou, mesmo que o avanço em ambas seja promissor. Por exemplo, Gerald Joyce, do Instituto de Pesquisa Scripps em La Jolla, Califórnia, descreveu seus experimentos em que mostra que pedaços de RNA podem se auto-orquestrar para criar moléculas mais complicadas que vão evoluindo de acordo com o processo de seleção natural. Não podemos ainda chamar essas reações de criaturas vivas, mas certamente estão indo na direção certa. Infelizmente, moléculas de RNA já são extremamente complexas, mais do que meio caminho andado em direção à vida. O desafio é começar antes da existência dessas macromoléculas orgânicas.

A maior dificuldade com ambas estratégias é que, mesmo se tiverem sucesso, nunca saberemos se foi esse o caminho da vida na Terra primordial. Não há dúvida de que a criação de vida no laboratório seria uma das grandes descobertas científicas de todos os tempos. Mas saber criar vida artificialmente não garante que tenha sido esse o processo que gerou as primeiras criaturas aqui, há 3,5 bilhões de anos (ou mais). Na melhor das hipóteses, podemos construir cenários viáveis, na esperança de que possam iluminar, ao menos em parte, o que ocorreu aqui e o que pode ter ocorrido (e estar ocorrendo) em outros locais do Universo. Infelizmente, não podemos retornar à infância terrestre para acompanhar *in situ* a origem da vida. A informação que podemos obter com nossa metodologia e diligência será sempre necessariamente incompleta. Jamais poderemos saber com certeza quais as propriedades exatas da Terra primitiva, ou quais as reações bioquímicas que ocorreram em suas poças ou superfície. Mesmo se tivermos a sorte de encontrar um exoplaneta (um planeta girando em torno de outra estrela) que reprise, de forma extraordinária, as propriedades da Terra primitiva quando a vida estava para surgir, os detalhes do que ocorre nesse mundo distante serão diferentes do que ocorreu aqui.

Chegamos, portanto, a uma importante conclusão. Nunca saberemos ao certo como surgiu a vida na Terra. A menos que seja possível provar que só existe um caminho bioquímico que leva à vida, o que me parece pouquíssimo provável, os detalhes de como a vida se originou aqui ou em qualquer outro lugar do cosmo são incognoscíveis, um mistério que não será resolvido no futuro, próximo ou distante.

Como mencionei antes, algumas pessoas têm uma reação avessa a pronunciamentos desse tipo, que usam argumentos filosóficos para expor os limites da ciência. Não deveriam. É importante descrever da forma mais transparente possível o funcionamento da ciência para a sociedade — tanto o seu gigantesco potencial quanto as suas limitações. Infelizmente, muitos cientistas fazem declarações exageradas, defendendo um triunfalismo positivista antiquado, onde a ciência, ao menos em princípio, pode resolver todas as questões. Uma visão bem mais realista é considerar que a ciência, enquanto empreendimento humano, é limitada e falível. Basta revisitar alguns episódios de sua história, como já o fizemos, para convencer-se disso, notando como conceitos e visões de mundo mudaram — às vezes radicalmente — à medida que aprendemos mais sobre a Natureza e nosso lugar nela.

É importante entender que uma visão honesta da ciência não remove ou compromete sua beleza e enorme relevância. O fato de não podermos chegar a uma resposta final ou conclusiva sobre uma questão não significa que devemos desistir de tentar entendê-la da melhor forma possível. Conforme argumentei anteriormente, a missão da ciência não é encontrar respostas finais ou conclusivas, e sim construir uma narrativa do mundo natural que é revisada continuamente de acordo com o acúmulo de dados e informações, tornando-se cada vez mais eficiente. A essas limitações humanas, devemos adicionar as limitações inerentes ao próprio funcionamento da Natureza: a velocidade finita da luz, que nos impede de saber o que ocorre fora de nossa bolha cósmica; a incerteza quântica, que expressa um elemento de imprevisibilidade no coração da matéria; a visão incompleta que temos do cérebro humano e de como é capaz de gerar nosso senso único de individualidade. Juntas, essas limitações agem como um véu que obstrui a natureza da realidade, impedindo-nos de chegar à sua verdadeira essência. Por outro lado, é importante entender que são esses limites que inspiram a criatividade que leva ao progresso científico. Para sobrepujar um obstáculo temos que encará-lo com coragem. Portanto, saber quais aspectos da natureza são (ou não) compreensíveis torna-se absolutamente central na nossa busca por sentido, separando o conhecível do incognoscível.

A busca sem fim pelo conhecimento

Quando olhamos para o mundo à nossa volta, não vemos tudo. Não podemos. A espécie humana evoluiu em condições ambientais específicas do nosso planeta, e se adaptou de forma a maximizar suas chances de sobrevivência aqui. Somos criaturas da Terra, um planeta banhado pela radiação de uma estrela cuja temperatura na superfície é de 6 mil graus centígrados. Seríamos muito diferentes se o Sol fosse outra estrela.

A temperatura da superfície de uma estrela determina as características da radiação que emite, em particular aquela de maior potência. A radiação que atinge a superfície, após ter sido filtrada e espalhada pela atmosfera, serve de combustível para que os animais e vegetais possam satisfazer suas duas necessidades mais básicas: comer e se reproduzir. Não é, portanto, surpreendente que a visão da maioria dos animais que vivem na superfície da Terra se restrinja ao que chamamos de "janela do visível", a parte do espectro eletromagnético que compõe as cores do arco-íris. Essa é radiação que o Sol emite com maior potência. Algumas espécies podem ver no infravermelho ou no ultravioleta, enquanto outras usam o olfato ou, como os morcegos, a ecolocação para se direcionar. Mas a maioria das espécies diurnas usam a luz visível. As espécies mais bem-sucedidas no jogo da vida são aquelas que usam os recursos que têm da melhor forma possível, de modo a maximizar as chances de sobrevivência da sua prole. A espécie humana não é uma exceção.

Capturamos a fração da realidade mais benéfica para a nossa sobrevivência, dada nossa história evolucionária e o planeta em que vivemos. Isso significa que existe muita coisa à nossa volta que não vemos ou percebemos com os nossos sentidos. Mas o fato de não captarmos sensorialmente uma grande parte da realidade não significa que seja menos real do que aquilo que percebemos. Pelo contrário, como escreveu o filósofo grego Demócrito cerca de 2.500 anos atrás, "a verdade se oculta nas profundezas". Muito do conhecimento humano vem da nossa ânsia de querer ver o que está além do imediato. Talvez essa seja a característica mais marcante da nossa espécie. Os outros animais querem segurança. Para isso, repetem uma rotina familiar, dentro de padrões de comportamento comprovados pelo tempo, que evitam o risco. Mesmo as espécies migratórias não podem ser chamadas de exploradoras: qualquer desvio da rota tradicional pode ser letal. Já os humanos *precisam* explorar o desconhecido, submetendo-se muitas vezes a condições extremamente incômodas e mesmo ameaçadoras para alcançar seu objetivo. Nós nos arriscamos como indivíduos e nos arriscamos coletivamente, tentando expandir nossas fronteiras além do conhecido. Exploramos o mundo, e agora continuamos explorando o espaço. Somos uma espécie que gosta da segurança das fronteiras, contanto que não sejam fixas.

Fazemos o mesmo com as fronteiras da mente. Nós nos arriscamos constantemente para expandi-las, criando novos meios de expressar nossos pensamentos e emoções. Sob esse prisma, a ciência é muito mais do que uma mera descrição do mundo; é um compromisso com o desconhecido, com a exploração, uma expressão da necessidade que temos de nos reinventar como indivíduos e como espécie. A ciência expande o domínio da nossa existência. À medida que muda nossa visão de mundo, muda, também, nossa percepção de quem somos, do que significa ser humano. Nisso, a ciência junta-se às artes como expressão daquilo que nos é mais precioso, a busca por sentido, por nossa razão de ser.

Retornando à questão dos limites da ciência e do conhecimento em geral, agora podemos ver por que são essenciais. Afinal, são eles os portões que abrem o caminho para além do visível. Se não podemos ver micróbios minúsculos ou galáxias distantes a olho nu, inventamos microscópios e telescópios para expandir nossa visão. Se não podemos ver o que ocorre sob nossa pele ou embaixo d'água, inventamos máquinas de radiografia e sonares. Ao expandirmos o alcance do que podemos "ver", transformamos aquilo que chamamos de realidade. Essa busca não tem fim, ao menos enquanto os cientistas continuarem explorando. E assim deveria ser. Precisamos do desconhecido, de nos engajar com ele. Precisamos expandir as fronteiras do conhecimento, do que chamamos de realidade. Derrotista é quem acha que essa busca tem fim. Imagine a tristeza se, um dia, chegássemos ao fim do conhecimento. Nenhuma questão fundamental para explorar, além do que já sabemos. Apenas pequenos ajustes aqui e ali, e basta. Apesar de parecer uma situação impossível, muitos cientistas no passado especularam que isso ocorreria, que um dia chegaríamos ao fim do conhecimento. Alguns até afirmaram publicamente que esse dia já havia chegado. Que arrogância! Que cegueira! Tenho, portanto, a felicidade de expor seu erro. Dada a própria natureza do conhecimento, de como é adquirido, toda descoberta tem a ignorância como ponto de partida: a partir do que conhecemos, avança em direção ao desconhecido. Novas descobertas oferecem respostas a certas questões, mas invariavelmente criam outras, muitas delas inesperadas e imprevisíveis. Quanto mais fundamental a nova descoberta, mais frutos renderá, abrindo portas além do que poderíamos prever. *O conhecimento começa na ignorância, e gera novo conhecimento que gera mais ignorância.* Essa é a verdadeira natureza do conhecimento, uma busca sem fim.

Pescar trutas, especialmente se usamos as técnicas da pesca fly, é outro empreendimento sem fim. Não vemos o que acontece embaixo d'água. Para o pescador, esse é o mundo do desconhecido. Sabemos que cada experiência é diferente, que até mesmo um mestre pode se surpreender. Pegamos algumas trutas, enquanto outras escapam. Algumas nunca pegaremos. Sabemos que cada rio conta uma história, e que essa história muda a cada dia. Mudamos também nós, como nos lembrou Heráclito, mais de 25 séculos atrás.

Como na impossível *Biblioteca de Babel*, o conto de Jorge Luis Borges onde uma biblioteca reúne todos os livros que podem ser escritos, tanto os que fazem sentido quanto os que não fazem, ninguém pode ler todos, ninguém sabe criar um catálogo que contém todos os livros, ou mesmo se existe ou é possível. O catálogo não se inclui; outro é necessário para isso, e assim por diante. A biblioteca, os peixes e o conhecimento são finitos, mas não têm fim. São expressões da nossa incompletude enquanto humanos. Para nós, existe o progresso diário, a aventura do novo, os fragmentos que colhemos aqui e ali de uma narrativa que se estende além do que podemos vislumbrar.

A Natureza inspira nossa criatividade e nos faz humildes. Na nossa busca por sentido, seja através da ciência ou pescando rio adentro, ou correndo uma trilha numa montanha longínqua, aprendemos que percebemos muito pouco da totalidade das coisas, não mais do que uma mera sombra do que existe além. Somos o peixe preso num aquário de frente ao mar. O conhecido, o desconhecido, o incognoscível formam um todo indissolúvel, do qual pouco sabemos, mas ao qual estamos todos conectados.

Alguém na escuta?

Não podemos falar sobre a origem da vida na Terra sem tocar na questão da possibilidade de vida extraterrestre inteligente. Essa é uma daquelas perguntas que sempre me fazem quando dou palestras. Existe vida inteligente em outros planetas? Ou será que estamos sós? A questão tem enorme importância, claro. Alguns comentaristas afirmam que a confirmação da existência de vida extraterrestre, especialmente se for inteligente, seria a maior descoberta de todos os tempos. Descontando um pouco a retórica exagerada, não há dúvida de que a descoberta de qualquer tipo de vida alienígena — inteligente ou não — teria um impacto enorme na sociedade, redefinindo como pensamos sobre nós mesmos e afetando a todos, do ateu ao crente mais fervoroso.

Antes de entrarmos nos detalhes, é necessário clarificar algo importante. Quando discutimos a questão da vida em outros mundos, é essencial fazermos uma distinção clara entre criaturas vivas e criaturas vivas e *inteligentes*. Muita gente imagina que se houver vida num planeta ou na Lua, será inteligente. Ou, se ainda não for, mais cedo ou mais tarde será. Essa postura supõe que a vida necessariamente leva à inteligência, isto é, que a teoria da evolução de Darwin prevê que a inteligência seja o destino natural da vida: a vida começa simples, microbial, mas, uma vez que germina, eventualmente evolui até chegar a criaturas inteligentes. Essa é uma expectativa razoável. Afinal, foi o que ocorreu aqui. Sabemos que a inteligência oferece uma série de vantagens evolucionárias. Por exemplo, nós, como a espécie mais inteligente do planeta, controlamos o destino das outras espécies. Se quiséssemos, poderíamos matar todos os tigres que existem para fazer tapetes. (Ninguém disse que inteligência e sabedoria são a mesma coisa.) Dado que o objetivo central da vida é se reproduzir, não é óbvio que a inteligência seja o objetivo final na evolução das espécies?

Não é. A vida é um experimento contínuo, em que as espécies tentam sobreviver da melhor forma possível de acordo com a lei da seleção natural.

A vida não tem um plano ou um objetivo final. (Em termos mais técnicos, ela não tem uma missão teleológica em que o objetivo final justifica os meios.) Quando uma espécie está bem adaptada ao ambiente em que existe, a maioria das mutações (que é o processo genético que permite que as espécies mudem) tem consequências devastadoras. Como dizem os técnicos de esportes, não se deve mexer em time que está ganhando. No caso, a vida não tem técnico, e as mudanças (as ditas mutações) ocorrem aleatoriamente, quando a informação genética é passada de geração em geração.

Como exemplo, considere o que ocorreu na Terra, onde a vida existe há pelo menos 3,5 bilhões de anos. Durante os primeiros 3 bilhões de anos, a vida era relativamente simples, composta apenas de seres unicelulares. Digo relativamente simples porque, mesmo com os seres unicelulares, houve uma mudança radical em complexidade quando as células procariotas sofreram mutações que, gradualmente, deram origem a células eucariotas. Como mencionamos antes, enquanto nas células procariotas o material genético flutua livremente, nas eucariotas é protegido por uma membrana. Ademais, as células eucariotas contêm estruturas funcionais distintas, como as mitocôndrias, ausentes nas procariotas. Mesmo que a transformação das células procariotas em eucariotas continue sendo um mistério, a vida se restringiu a seres unicelulares durante seus 3 bilhões de anos na Terra.

As mudanças em direção a formas de vida mais complexas começaram com a oxigenação gradual da atmosfera, graças à ação fotossintética de nossos ancestrais procariotas. Nós — assim como todos os animais multicelulares — devemos nossa existência a mutações acidentais que levaram bactérias unicelulares a consumir o gás carbônico que existia em abundância na atmosfera primordial da Terra e expelir oxigênio. A ação conjunta desses micro-organismos foi transformando a atmosfera do planeta, aumentando dramaticamente a concentração de oxigênio, ingrediente extremamente útil para sustentar o metabolismo mais exigente de animais multicelulares. Dados atuais mostram um aumento acelerado na concentração de oxigênio da atmosfera começando em torno de 1 bilhão de anos atrás e atingindo um máximo há cerca de 500 milhões de anos. Essa é justamente a época em que a vida multicelular explodiu em diversidade, a chamada Explosão Cambriana, o Big Bang da biologia. Sem a vantagem metabólica do oxigênio, é difícil imaginar o nosso planeta com vida multicelular complexa.

A escassez de oxigênio é um dos grandes obstáculos para a emergência de vida complexa, ao menos da forma como a conhecemos hoje, se bem que existem várias formas de vida que independem do seu consumo. Será que o mesmo poderia ter ocorrido em outros mundos? Certamente que sim; outros planetas também podem ter atmosferas ricas em oxigênio, seja por ação bacteriana ou por outros mecanismos. Em contrapartida, não podemos ter certeza de que isso tenha ocorrido em outros lugares, mesmo se tivessem vida unicelular. As mudanças aqui foram produto de mutações acidentais. Nesse contexto, *acidental* significa sem uma causa específica, sem um objetivo predeterminado. Ou seja, não temos razão alguma para supor que, em outros mundos, seres procariotas sofrerão as mesmas mutações que seus primos terrestres. Tampouco sabemos se sua genética obedece às mesmas regras do que aqui.

Muitos cientistas (especialmente astrônomos e físicos), quando refletem sobre a possibilidade de vida complexa, gostam de citar os enormes números que existem no cosmo: "Veja que, apenas na nossa galáxia, são cerca de 200 bilhões de estrelas, a maioria delas com planetas e, estes, com luas girando à sua volta. Portanto, só aqui na Via Láctea são trilhões de mundos, cada um com propriedades únicas." Isso está correto, como aprendemos com a busca por exoplanetas. "Agora, extrapole isso para o Universo inteiro, onde existem *centenas de bilhões* de galáxias, algumas maiores e outras menores do que a Via Láctea. Não é razoável supor que a vida existe em muitos desses mundos?"

De fato, supor é tudo o que podemos fazer no momento. Um dos aspectos mais mágicos da ciência é ampliar o alcance da imaginação humana. Talvez nunca seja possível ou, pelo menos, não por milhares de anos, viajar até um mundo a quinhentos anos-luz daqui.* Mesmo assim, podemos estudar aquele mundo, coletando informação sobre ele aqui da Terra, usando telescópios no alto de montanhas ou em órbita no espaço, como o Telescópio Espacial Hubble ou seu sucessor, o Telescópio Espacial James Webb, com lançamento marcado para outubro de 2018.

Como o pescador experiente, que sabe onde lançar sua isca à procura dos peixes, podemos usar o que aprendemos sobre os exoplanetas para buscar por mundos onde a vida é possível, planetas que astrônomos costumam chamar de "terrestres", com propriedades semelhantes às da Terra. Cientistas preveem que, em breve, será possível coletar dados sobre a composição atmosférica desses planetas, buscando por compostos químicos importantes para a vida: oxigênio, água, vários compostos de carbono, ozônio etc. É essencial ressaltar que encontrar algum desses compostos não é *prova* da existência de vida nesse mundo. Mas pelo menos teremos um forte indício de que o planeta tem condições favoráveis para a existência de vida. Para confirmar isso precisamos de algo bem mais dramático, por exemplo: identificar clorofila na atmosfera, o pigmento verde responsável pela fotossíntese. Com muita sorte, poderíamos avistar projetos de engenharia de larga escala, algo equivalente ao que aqui na Terra seria a Grande Muralha da China ou uma enorme represa hidrelétrica. (Essa sendo bem mais difícil...) Ou, quem sabe, os extraterrestres são tão avançados que têm projetos de engenharia em escala planetária, como luas artificiais ou espelhos gigantes montados em satélites que amplificam os raios vindos de uma estrela fraca.

Antes que esses avanços e potenciais descobertas ocorram, o que podemos afirmar agora é que, mesmo com o enorme número de mundos na galáxia, e mesmo que uma fração deles tenha propriedades semelhantes às da Terra, a vida não é um fenômeno comum no Universo. Sem dúvida, é razoável supor que tenha surgido em outros lugares, dado que as leis da física e da química são as mesmas dentro do nosso horizonte cósmico. Mas

---

* Como perspectiva, nossa galáxia tem um diâmetro de 100 mil anos-luz. Andrômeda, nossa galáxia vizinha, está a 2 milhões de anos-luz daqui.

basta olhar para o nosso próprio sistema solar para concluir que a vida é um fenômeno raro. (Outros candidatos, como Europa, a lua de Júpiter, e Encélado, a lua de Saturno, têm chances bem remotas. Cientificamente, são úteis como laboratórios para explorar condições diversas que possam levar à vida, e não lugares onde a vida deve existir.) Mesmo que ela seja encontrada em outro mundo — e espero que seja num futuro não muito distante —, na maior probabilidade será simples, unicelular. Vida mais complexa, multicelular ou — mais dramaticamente — vida inteligente são possibilidades extremamente remotas. Se existirem, serão raras.

Há muitas razões para isso. No início da década de 1950, o grande físico italiano Enrico Fermi estava almoçando com alguns colegas no refeitório do Laboratório de Los Alamos, nos EUA, quando exclamou, após fazer algumas contas no guardanapo: "Cadê todo mundo?" Seus amigos olharam ao redor e confirmaram que estavam todos lá. "Não vocês, *ragazzi*", insistiu Fermi, "os ETs. Onde estão?" Fermi estimou que a Via Láctea, com cerca de 10 bilhões de anos de idade e 100 mil anos-luz de diâmetro, teria sido colonizada por alienígenas inteligentes. Para visualizar isso, imagine que uma espécie inteligente tenha surgido num planeta remoto, cerca de 10 milhões de anos antes do que nós aqui na Terra. Isso não é muita coisa quando comparado com 10 *bilhões*. Se nós, após apenas quatrocentos anos de ciência, conseguimos lançar sondas até Plutão, uma espécie inteligente com 10 milhões de anos de vantagem teria criado maravilhas tecnológicas, invenções que, para nós, seriam mágicas. Como escreveu Arthur C. Clarke, autor de *2001: Uma odisseia no espaço*: "Qualquer tecnologia suficientemente avançada é indistinguível de mágica." Imagine o que seu bisavô pensaria se visse alguém usando um iPhone para se comunicar com outra pessoa do outro lado do mundo. Sem fios. Imagens coloridas de alta definição. Supondo que, como nós, esses ETs também gostam de se aventurar pelo espaço, mesmo que viajem a um décimo da velocidade da luz, 30 mil quilômetros por segundo, teriam tido tempo de sobra para se espalhar pela galáxia inteira, incluindo a Terra. (Nessa velocidade, precisariam "apenas" de 1 milhão de anos para atravessar a galáxia. Em 10 milhões de anos, poderiam fazê-lo dez vezes.) Portanto, perguntou Fermi: "Cadê todo mundo?"

Supondo que ETs inteligentes existam em nossa galáxia, muitas possibilidades foram propostas ao longo dos anos para responder ao Paradoxo de Fermi, das quais cito algumas. Os ETs podem ter se autodestruído num confronto termonuclear, uma ameaça constante para nossa civilização; podem ter se desenvolvido a tal ponto que a colonização de outros mundos é um projeto desnecessário; podem ter visitado no passado e detestado tanto o que viram que foram embora sem deixar pistas; podem estar aqui, invisíveis, ou estar nos observando de longe, usando uma tecnologia que os torne indetectáveis pelos nossos instrumentos; podemos ser produtos de seus experimentos genéticos; podemos ser personagens em seu videogame; os ETs podem não ter qualquer interesse em nos visitar, sabendo bem que é melhor ficarem quietos em seu mundo, evitando assim uma invasão por uma espécie predadora etc. Ou, talvez, estejam tão longe — milhares de anos-luz — que não faz sentido viajar até aqui. Resolveram que é mais inteligente limitar suas explorações a regiões vizinhas, dentro, digamos, de um raio de cem anos-luz de sua estrela. Nesse caso, os ETs podem existir e não saberíamos. Mesmo que a palavra "nunca" deva ser usada com cautela em ciência, ETs inteligentes podem existir em algum canto da galáxia e nunca saberemos deles. Se não nunca, ao menos por muito tempo.

A probabilidade é relativamente alta de que exista vida em outros mundos. (Mas não sabemos como estimá-la de forma precisa.) Por outro lado, quando tratamos de vida inteligente, a menos que digam "oi", ou venham nos visitar, e descontando a probabilidade ínfima de que cientistas encontrem sinais de vida inteligente nas próximas décadas, na prática devemos nos consolar com nossa solidão. Em outras palavras, somos nós, sozinhos, neste planeta extremamente raro.

Essa conclusão é extremamente importante. Deveria impactar como nos relacionamos socialmente, com o nosso planeta, e com as criaturas que aqui vivem. Deveria servir como ponto de partida para uma nova ética global. Deveria ampliar o que o filósofo Immanuel Kant definiu como um categórico imperativo, respeitar todos os seres racionais, para incluir o respeito por *todas as criaturas vivas e pelo planeta que as abriga*. Deveria, se levada à sua consequência lógica, redefinir o destino de nossa espécie.

Pela primeira vez na história da civilização, compreendemos a dimensão e a fragilidade de nossa existência.

Para explorarmos o impacto dessa revelação, onde a ciência adquire dimensões existenciais, precisamos de um palco adequado. Para tal, visitaremos uma das regiões mais estranhas e espetaculares do planeta, a Islândia, terra de trutas e salmões míticos, de elfos e outras criaturas mágicas, e de vulcões ativos que podem entrar em erupção a qualquer momento. Lá, o pescador encontrará sua paz, o cientista, o seu destino, e nossa busca por sentido terá o próprio planeta como guia.

4.

Rio Laxá, Myvatnssveit, Islândia

*Mesmo se explorarmos todos os caminhos,
jamais conseguiremos descobrir os limites
da alma, tão profunda é sua essência.*

Heráclito

Você precisa sair deste navio!

Nenhum amante da pesca fly que se preze deixaria passar a oportunidade de explorar os rios da Islândia. Por isso, topei imediatamente o convite da minha universidade para liderar um grupo de ex-alunos numa viagem de circum-navegação da ilha.* "Você pode escolher o tópico de suas palestras, claro", escreveu a diretora de programação. E qual país é mais indicado

---

* Aqui vale um comentário e um conselho às universidades brasileiras. Nos Estados Unidos e em alguns países da Europa, as universidades cultivam uma relação de longo prazo com seus ex-alunos. Isso gera um senso de comunidade entre eles, extremamente útil para os alunos recém-diplomados que buscam empregos, e para a universidade, que gera um constante fomento, com ex-alunos fazendo doações que chegam inclusive a milhões de dólares. Algumas universidades brasileiras estão começando a fazer isso, como a PUC-Rio, apesar de a mentalidade de doar para universidades ainda ser praticamente inexistente no Brasil. Leis de incentivo fiscal a esse tipo de doação são essenciais.

para discutir a história geológica da Terra e a questão do aquecimento global? Poderia começar com a origem do nosso planeta e terminar no Antropoceno, a era em que vivemos agora, onde o impacto da humanidade no nosso planeta é indisputável.

Após a viagem, adicionaria alguns dias para explorar os famosos rios da Islândia em busca de salmão ou trutas. Faria isso sozinho, acompanhado apenas de um guia, perdido em algum rio remoto da pequena ilha. Seria o maior teste de minha habilidade como pescador, uma peregrinação a uma das regiões mais remotas e exóticas do planeta, pontuada por vulcões ativos, cobertos por geleiras (que estão desaparecendo rapidamente), enxofre que borbulha de fissuras no solo, gêiseres jorrando água fervendo, centenas de cachoeiras, e, quem sabe, até elfos, dançando em pedras cobertas por líquen multicolorido. A crença em *huldufólk* (criaturas que se escondem) é tão comum na Islândia que projetos de engenharia evitam passar por certos lugares considerados sagrados pelos habitantes locais.

Essa era uma viagem para levar minha esposa, então com trinta semanas de gravidez, e nosso filho de 5 anos, Lucian. Seria viver um sonho. Um navio excelente e confortável, excursões bem-planejadas, boa companhia, cenário maravilhoso, infraestrutura perfeita para uma mulher grávida e uma criança.

Para garantir, Kari consultou sua médica alguns dias antes da partida. "Não se preocupe com nada", disse ela. "Divirta-se! Você está em excelente forma e o bebê também." Kari é uma atleta amadora que leva o esporte a sério. Correu até seis meses de gravidez e nadou até o dia em que viajamos. Hoje, é uma das melhores corredoras de obstáculos do mundo, na divisão de amadores. Seis dias a bordo de um navio, cruzando as águas em torno da Islândia, seria moleza.

No dia 7 de julho, alguns dias antes da viagem, estava pesquisando um tópico para minha coluna semanal na *Folha de S.Paulo*, quando encontrei essa notícia no jornal *Daily India*: "Vulcão na Islândia ameaça entrar em erupção a qualquer momento. Geólogos monitorando o monte Hekla, um dos vulcões mais temidos da Islândia, afirmam que sua erupção pode cobrir a Europa com uma nuvem de cinzas."

Não acreditei. Na Idade Média, o monte Hekla era conhecido como o "Portão do Inferno" pela sua capacidade imbatível de emitir lava e cinzas. Monges itinerantes escreveram sobre seu aspecto assustador, afirmando que era ponto de encontro de bruxas na Páscoa. Durante erupções, juravam que viam almas na forma de pássaros sendo sugadas até suas entranhas. Ser considerado o Portão do Inferno era uma distinção e tanto numa ilha contendo 130 vulcões, dos quais dezoito entraram em erupção diversas vezes desde a chegada dos primeiros colonos em torno do ano 900. Só o monte Hekla teve vinte erupções nesse período, a última no dia 26 de fevereiro de 2000. Uma nova erupção poderia ter consequências devastadoras, dentre elas a mais insignificante sendo o cancelamento da nossa viagem e de minha excursão para pescar no norte da ilha. Em maio de 2010, o vulcão com o nome mais complicado do mundo, Eyjafjallajökull, entrou em erupção, causando um verdadeiro caos no espaço aéreo com suas cinzas que se espalharam rapidamente pelo continente europeu.

Escrevi para os organizadores da viagem, alertando-os para o perigo iminente. Será que a viagem deveria ser cancelada? Pedimos aos operadores locais de turismo que monitorassem o vulcão e as notícias nos próximos dias. Aparentemente, as coisas tinham se acalmado. Entendi que erupções vulcânicas na Islândia são como terremotos na Califórnia ou no Peru. As pessoas estão cientes do perigo e tomam precauções (no caso da Islândia, máscaras de gás, machados, picaretas, água e comida extra), mas optam por não viver em função disso.

Tomamos o voo de Boston a Reykjavík, com planos de abordar o navio no dia seguinte. Como chegamos no meio da tarde, fomos explorar a região em torno do hotel. A cidade flanqueia uma belíssima baía, com vista para os picos nevados na distância. Um deles é o majestoso Snoefellsjökull, o vulcão na península oeste da ilha que inspirou o famoso livro de Jules Verne, *Viagem ao centro da Terra*. A primeira impressão que tive, um tanto bizarra, foi a ausência quase completa de árvores. Fora uma ou outra, as encostas da ilha eram nuas, acinzentadas, inóspitas. Humanos pareciam intrusos num cenário primordial. Nas ruas, lojas turísticas vendiam espadas e outros artefatos vikings, além de bonecos de ogros, elfos e da ave típica da região, os puffins, uma espécie de gaivota misturada com pinguim. Em meio a tanta novidade, o tempo passou voando. O dia acabou e... a noite não veio. Nessa latitude alta (64°8' N), em meados de julho, o Sol traça um arco raso no horizonte ao fim do dia, desaparecendo apenas momentaneamente, criando poentes prolongados e muitas vezes espetaculares. Todas as casas têm cortinas bem pesadas ou persianas de madeira cobrindo as janelas. Se não, fica difícil dormir.

No dia seguinte, encontramos o restante do grupo e fomos transferidos para o navio, *Le Boreal*, operado por uma tripulação francesa. Após desfazer as malas fomos jantar, dividindo a mesa com um grupo de ex-alunos de Dartmouth, com idade média de 70 anos. Estávamos no meio de uma conversa animada sobre as várias aventuras que nos esperavam, quando um senhor ao meu lado tentou se levantar sem sucesso, afirmando que não sentia as pernas. Olhei para Kari meio em pânico, sem saber o que fazer. "Não se preocupem", disse o cavalheiro, de 80 e muitos anos, enquanto massageava as coxas. "Isso acontece com frequência. Daqui a pouco melhoro." Sua esposa rolou os olhos e deu um daqueles suspiros cansados, que só casais bem idosos sabem dar. Melhor não me meter nessa, pensei.

Mal terminamos, ouvi meu nome no interlocutor. Era o capitão, pedindo que o visitasse em sua cabine. Que simpático, pensei. Queria me conhecer e dar um alô mais pessoal. Quando chegamos, vimos que o médico também estava presente. Trocamos um olhar rápido, e vi que parecia estressado com algo. Pensei no senhor na mesa, e como esses navios de cruzeiro têm um necrotério próprio, dada a idade avançada de muitos passageiros. Kari havia passado no consultório médico antes do jantar para se apresentar e dizer que estava com trinta semanas de gravidez. Queria assegurar ao médico que estava superbem, em forma, e que ele devia se preocupar com os outros passageiros e não com ela.

O capitão não perdeu tempo.

"É muito arriscado, estaremos isolados no oceano, longe da costa. Se ela tiver uma hemorragia não poderemos fazer nada. Após consultar o médico, decidi que ela deve deixar o navio agora, antes de zarparmos."

Chocado, tentei resistir, contando a história do senhor que mal conseguia ficar em pé.

"Ele é que deveria deixar esse navio", disse. Kari estava furiosa, quase entrando em combustão. Pedi ao médico que falasse com a colega americana, que havia autorizado a viagem.

"Se falar com ela é para dar-lhe uma bronca", respondeu. "Obviamente, é uma incompetente. Não percam tempo tentando me convencer", disse, sorrindo daquele jeito ao mesmo tempo irônico e pretensioso dos franceses.

Resumindo uma longa história, às 23 horas, cansados e furiosos, refizemos as malas e deixamos nossa cabine. Sob os olhares surpresos dos outros passageiros, meu filho aos prantos, descemos a prancha até o cais. Em minutos, estávamos de volta ao Hotel Borg. Nosso cruzeiro havia terminado antes de começar. Desastre completo.

E agora? Telefonamos para os operadores da companhia de turismo e o pessoal de Dartmouth e decidimos transformar limão em limonada. Ficaríamos na Islândia, alugaríamos um 4X4 e exploraríamos a ilha por conta própria. Em três dias, encontraríamos com o navio em Akureyri, uma cidade-porto ao norte. Lá, daria uma longa palestra, combinando o conteúdo que havia preparado para o cruzeiro.

Nosso plano, meio desesperado, funcionou espetacularmente. Acabamos fazendo uma viagem inesquecível, cheia de aventuras, explorando os quatro cantos dessa ilha incrivelmente dramática, livres para irmos aonde quiséssemos, graças ao nosso 4x4 e um GPS com voz de inglesa sexy que chamamos de Lola.

Paisagem primordial

Passamos nosso primeiro dia explorando o Círculo de Ouro, uma região ao leste de Reykjavík com algumas das atrações mais famosas da ilha. Começamos com o Geysir, ou Campo Geotérmico Geysir, que, como já diz o nome, é um enorme gêiser, cercado por outros menores. Seus jatos de água fervendo, emitidos em períodos de minutos, chegam a alcançar 30 metros de altura. As pessoas aguardam em volta, esperando pacientemente até que o jato surja. Em geral, gêiseres são mais comuns em regiões vulcânicas ativas, quando a água vinda da superfície viaja pelas entranhas da terra até atingir rochas quentes a profundidades de 1 a 2 quilômetros. Aquecida rapidamente, a água expande explosivamente, ressurgindo na superfície como um vulcão de vapor. O Geysir e seus vizinhos ficam sobre uma falha tectônica, uma fenda na crosta terrestre onde placas rochosas deslizam em direções diferentes. Esse deslize das placas é a causa principal dos terremotos.

Existindo no ponto de encontro entre duas gigantescas placas tectônicas, a norte-americana e a eurasiana, a Islândia está sendo literalmente dividida ao meio. É na junção dessas duas placas que encontramos a maioria de seus vulcões, que, como numa panela de pressão, agem como válvulas de escape para a furiosa atividade que ocorre no subsolo. Nosso objetivo era chegar em Thingvellir, um parque nacional onde a fenda é visível da superfície, formando um grande cânion. No caminho, paramos em Gullfoss, a primeira de centenas de cachoeiras majestosas que avistamos. Com um enorme volume de água despencando de alturas vertiginosas, fica impossível ver o fundo da queda, dando a impressão de que é sugado misteriosamente pelas entranhas da Terra. Em meio aos sorrisos boquiabertos, me perguntei se haviam peixes nessas águas. Difícil imaginar que não, mas essa outra parte da viagem começaria mais tarde. Com o tempo passando rápido, decidimos cortar caminho pela estrada F338, para dar uma boa olhada na segunda maior geleira da Islândia, Langjökull.

O que não sabíamos é que a F338 era a estrada dos infernos. Uns 60 quilômetros de terra batida em péssimo estado, incluindo várias travessias de rio onde só se podiam ver as marcas de pneu de um lado e do outro, separadas por águas que fluíam com muito mais pressa do que parecia ser razoável. Fora alguns musgos em rochas, não havia qualquer sinal visível de vida. Poderíamos estar em Marte. O carro saltava de buraco em buraco, fazendo Kari quicar no assento como uma bola de basquete.

A coitada segurava a barriga inchada com tanta força que ficou com câimbra nos braços. Em silêncio, me perguntei se íamos ter um prematuro bebê islandês, nascido aos pés de uma geleira. Interessante que o nosso filho Gabriel parece mesmo com um pequeno viking, o cabelo quase branco de tão louro e os olhos de um azul de deixar o céu com inveja. Por entre as nuvens de poeira e a estrada esburacada, pensamos no conforto do *Le Boreal*, cortando tranquilamente as águas do Atlântico Norte. Mas uma das características da nossa família é a perseverança, e conseguimos finalmente ver a geleira ao longe e o deserto gelado que a precede, com formações de areia e lava que parecem vir de um outro mundo. Felizmente, tanto Kari quanto o carro aguentaram os abusos da F338, e conseguimos terminar a travessia. Agora entendemos por que os habitantes locais dizem que ninguém deve se aventurar pelo interior da Islândia sem saber aonde está indo. Com enorme alívio, chegamos, inteiros e exaustos, em Thingvellir.

O lugar, como a maior parte do país, tem um aspecto primordial, como se estivesse ainda nos estágios iniciais de sua evolução geológica, o que, considerando que a ilha emergiu do oceano há apenas 18 milhões de anos, é verdade. Vislumbrar as fendas, os gêiseres, os vulcões de todos os tamanhos e formas, a lama rica em enxofre que borbulha de buracos espalhados pela ilha; tudo isso é fazer uma viagem ao passado distante do nosso planeta, quando forças de intensidade inigualável forjavam suas formas. O cenário austero, os fiordes cobertos de gelo despencando no mar escuro, evoca um tempo antes do nosso, quando a Terra era outra. As caminhadas que fizemos por lugares remotos, subindo até a cratera perfeita do vulcão Eldborg para espiar suas entranhas, eram como uma peregrinação numa terra sagrada, o domínio de Odin e seu filho Thor. Eu olhava em torno, esperando que os dois aparecessem na próxima curva do caminho, divinamente despreocupados, ignorantes dos dilemas que tanto afligem os humanos.

Para chegar até Akureyri e encontrar o *Le Boreal*, circundamos a ilha na direção horária, partindo de Reykjavík. Com isso, pudemos explorar algumas regiões menos conhecidas, como os fiordes perto de Ísafjördur, uma pequena cidade situada numa península no noroeste da Islândia. As elevações enormes, abruptas, debruçando-se sobre as casas coloridas, parecem gigantes esperando pelo momento exato para expulsar os humanos para o mar. Mas julgando pela reputação dos habitantes de Ísafjördur, provavelmente encarariam o desafio. São os anfitriões do Campeonato Europeu de Futebol no Pântano, uma modalidade impossível jogada em campos com lama até os joelhos. Não imagino que muitos brasileiros se aventurem, especialmente na latitude de 66º N. Ainda assim, esse futebol na lama não se compara ao que define o "verdadeiro homem islandês": nadar nu em águas gélidas até a ilha de Drangey, segurando uma tocha acesa numa mão e cantando o hino nacional. Se esse é um ritual de que todo adolescente precisa participar, dá para entender por que a população da ilha vem diminuindo.

Akureyri é uma cidade-porto muito charmosa, situada numa península que parece um buraco criado por uma tacada de golfe dada pelo próprio Odin. O resultado é uma baía alongada, na forma de "U", com a cidade ocupando a parte curva inferior. Quando chegamos, o *Le Boreal* já estava ancorado, desproporcionalmente grande, parecendo um dedão inchado prestes a achatar a bela área do porto.

Kari fez questão de encontrar com o capitão e o médico.

"Passamos dias ótimos explorando algumas das regiões mais remotas da ilha", disse ela, com um sorriso de desdém. "O melhor foram as caminhadas nas geleiras até a boca de vulcões." O médico sorriu de volta, obviamente sem graça. "Pena que vocês estavam presos a bordo do navio."

Fui levado ao auditório a bordo, onde meus "alunos" esperavam. Estava animado para finalmente poder trabalhar um pouco, dando uma palestra sobre nossas origens, sobre a história geológica da Terra e a questão do aquecimento global.

Uma narrativa moderna da Criação

Toda cultura tem uma história da Criação, uma narrativa que tenta responder, de alguma forma, à questão mais complexa que podemos fazer: de onde viemos? No Ocidente, temos mais familiaridade com a Bíblia, onde a criação é um ato divino, intencional. O relato, no Gênesis, conta uma história em que uma sequência de eventos resulta na construção do mundo após seis dias. Interessante que, mesmo para Deus, onipotente e onisciente, as coisas não vão conforme o planejado: Adão e Eva comem do fruto da árvore do conhecimento do bem e do mal. Sua punição severa — expulsão do Paraíso, mortalidade, a dor do parto, a dureza da sobrevivência sem auxílio divino — mostra que Deus não admitia que suas criaturas tivessem um conhecimento acima de um determinado nível. Felizmente, Eva não aceitou essa limitação e decidiu ir adiante, confrontando a autoridade divina pela primeira vez.

Os mitos de criação exploram a origem de todas as coisas, demonstrando a riqueza da criatividade humana, criando uma hierarquia onde a ordem sobrepuja a desordem ou o nada absoluto. *Creatio ex nihilo*, a criação de algo a partir do nada, só é possível para poderes que transcendem as limitações do mundo natural. Isso faz sentido: apenas um poder que existe além do espaço, do tempo e da matéria pode criar o espaço, o tempo e a matéria. Para resolver essa questão, conhecida como a questão da Primeira Causa, as religiões invocam um poder absoluto, que transcende as leis da Natureza.

Sendo produtos das culturas que lhes deram origem, mitos de criação variam de lugar a lugar. Culturas que vivem em florestas falam da criação de florestas; aquelas que vivem no deserto falam do deserto, da areia, de criaturas vindas do barro; aquelas em ilhas falam da origem do oceano etc. Porém, após descontarmos sua riquíssima diversidade contextual, mitos dividem atributos semelhantes e podem ser reunidos em duas classes gerais, que dependem de como lidam com a natureza do tempo: o mundo (cosmo) pode ser eterno, existindo desde sempre e para sempre; ou o mundo pode ter sido criado (ou surgido) num determinado momento do passado.

Mitos que consideram o cosmo como sendo eterno tomam o tempo como uma medida local das transformações que afetam pessoas ou o mundo. Não existe um evento que marca a criação de "tudo", ou um tempo cósmico que descreve como o Universo como um todo evolui. Um belo exemplo vem dos jainistas, da Índia: "Saiba que o mundo não foi criado e é como o tempo, sem um início ou um fim." Outra opção é que o Universo passe por uma sucessão de ciclos de criação e destruição, como no mito hindu do deus Xiva: "Na noite de Brahma, a Natureza permanece inerte e não dança até que Xiva assim a ordene. Despertando de seu transe, Xiva dança, enviando ondas que reanimam a matéria. E a matéria dança, brilhando gloriosamente à sua volta. Dançando, Xiva dá suporte aos múltiplos fenômenos materiais. Quando o tempo amadurece, ainda dançando, Ele usa o fogo para destruir todas as formas e nomes, e descansa mais uma vez, até um novo despertar." O deus hindu dança para criar e destruir o mundo, dando à matéria ritmo e energia a cada ciclo de existência cósmica.*

Mitos com um momento específico de criação são bem mais comuns, a Bíblia sendo o exemplo familiar no Ocidente. O tempo começa em um determinado momento do passado, marcando o nascimento do mundo e, um pouco depois, dos animais e das pessoas. O mito cultural islandês é chamado de Edda, escrito por Snorri Sturluson no início do século XIII em um dialeto escandinavo antigo, incorporando vários elementos e cenas das sagas dos vikings. Eis algumas linhas que ilustram como os deuses criaram a vida:

> O primeiro mundo que existiu chamava Muspell, onde a luz e as chamas eram tão quentes que apenas os nativos de lá podiam suportá-las.

---

* Em meu livro *A dança do Universo: dos mitos de Criação ao Big-Bang*, ofereço uma discussão mais detalhada dos mitos de criação e sua relação com as ideias da cosmologia moderna.

Surt guarda a fronteira de Muspell com uma espada flamejante. Quando o mundo chegar ao fim, ele irá destruir todos os deuses e queimar o mundo com fogo.

Além de Muspell existe o grande vão de Ginnungagap, e além de Ginnungagap fica o mundo gelado e escuro de Niflheim. É em Ginnungagap que o gelo, neve, vento, e chuva gelada vindos de Niflheim encontram o calor, luz e ar agradáveis de Muspell.

Do encontro do calor e do gelo apareceram gotas, e desse líquido gelado surgiu Ymir, o ogro gigante...

Os deuses Odin, Vili e Vé mataram Ymir e de seu sangue fizeram o mar e os lagos; de sua pele, a terra; de seu cabelo, as árvores; de seus ossos, as montanhas. Dos vermes em sua carne fizeram os homens; de sua caveira, o céu; e de seu cérebro, as nuvens.

De acordo com a narrativa do Edda, somos todos descendentes dos vermes que comiam a carne de Ymir, o ogro gigante. Aparentemente, os islandeses não viam a humanidade com bons olhos.

Agora, compare essa narrativa de criação islandesa com o mito de criação chinês conhecido como a história de P'an Ku, escrito em torno do século III. De acordo com o mito, no início do tempo, o Universo era um ovo cósmico. Quando o ovo quebrou, um gigante saiu dele, P'an Ku. Com ele, saíram também os dois elementos básicos, yin e yang. A narrativa continua:

A criação do mundo só terminou quando P'an Ku morreu. Apenas sua morte pôde aperfeiçoar o Universo: de sua caveira veio o domo do céu, de sua pele veio o solo; de seus ossos, as pedras; de seu sangue, os rios e mares; de seu cabelo, a vegetação. O vento veio de sua respiração; de sua voz, o trovão. A Lua veio de seu olho esquerdo; e o Sol, do direito. A chuva veio de sua saliva e suor. E dos vermes que cobriam seu corpo vieram os homens.

Como que duas culturas tão diferentes, separadas por dez séculos e por distâncias enormes, compartilham uma narrativa de criação tão semelhante, onde o mundo vem dos restos de uma criatura divina, e a humanidade, dos vermes que devoram sua carne? Antropólogos culturais e estudiosos das religiões dedicam carreiras inteiras ao estudo da mitologia comparada, identificando tendências semelhantes e diferenças importantes entre os mitos de diversas culturas. Não sei se a semelhança que ilustro aqui entre mitos de criação islandeses e chineses já foi discutida, mas certamente deveria ser. Nas minhas leituras, identifiquei certos símbolos universais nos mitos de criação, imagens que recorrem através da história em culturas diversas, o que seguidores de Carl Jung chamariam de *arquétipos da criação*: o cérebro humano pode contemplar apenas algumas respostas possíveis para a questão da origem de todas as coisas, incluindo a nossa.

Retornando, agora, à ciência moderna, temos, após um século de muita confusão e de descobertas fenomenais, uma narrativa moderna da criação baseada em dados e observações sólidos, uma história que podemos aceitar com confiança. Ilustrando, mais uma vez, os arquétipos da criação, é curioso que, durante a primeira metade do século XX, quando não tínhamos ainda dados para testar os vários modelos matemáticos que haviam sido propostos por cientistas para descrever o Universo, encontramos algumas das mesmas imagens dos mitos de criação: o universo eterno, o universo fênix, o universo que surge do nada — *creatio ex nihilo* etc. Onde podemos encontrar um exemplo mais claro das origens comuns do pensamento humano, combinando elementos religiosos e científicos?

Apesar das semelhanças, tudo muda quando cientistas produzem dados e observações capazes de eliminar modelos hipotéticos. Essa é a diferença fundamental entre um mito de criação e um modelo científico da criação.

Usando o conhecimento acumulado que temos do cosmo, nossa narrativa moderna da criação baseia-se no modelo do Big Bang, segundo o qual, ao menos em nosso Universo, o tempo teve um começo, cerca de 13,8 bilhões de anos atrás.*

No nosso Universo, o tempo e o espaço surgiram juntamente com a matéria, constituindo um todo indissolúvel. Portanto, a pergunta que tantos fazem — "O que aconteceu antes do Big Bang?" — não faz muito sentido, já que não existia um tempo "antes" do tempo. A exceção seria em modelos onde o Big Bang não é o início, uma especulação que deixo para outra hora. Com o passar do tempo, o espaço foi inflando e a matéria foi se transformando, criando arranjos cada vez mais complexos, das partículas elementares aos núcleos atômicos e, deles, aos átomos. Podemos imaginar a matéria como uma espécie de sopa cósmica que preenche o cosmo, cuja receita vai mudando à medida que o Universo expande e se resfria. Contando o tempo a partir do Big Bang, não sabemos exatamente o que ocorreu antes de um centésimo de milésimo de segundo, se bem que temos muitas hipóteses plausíveis que nos portam a um passado ainda mais remoto. (Temos confiança que teorias atuais recontam satisfatoriamente a história do Universo a partir de um trilionésimo de segundo após o Bang, o que não é nada mau. Mais detalhes em meus livros *A dança do Universo*, *O fim da Terra e do Céu*, ou *Criação imperfeita*.)

A partir de um centésimo de segundo após o "bang" inicial a coisa muda, e sabemos com confiança o que estava ocorrendo no cosmo, que era bem menor e mais quente do que agora. Entre um segundo e três

---

* Estou deixando de lado alguns detalhes de pouca relevância aqui. Alguns modelos, como vimos, sugerem a existência de um multiverso, uma coleção de universos dos quais o nosso é apenas um exemplo. Em princípio, o tempo não passa no multiverso, que, portanto, é uma entidade eterna. Nesses modelos, o tempo é uma variável "local", começando a passar quando um universo bebê passa a existir. Outras ideias, incluindo um artigo meu recente, em colaboração com Stephon Alexander e nosso estudante Sam Cormack, sugere uma nova versão do universo fênix, onde a cada ciclo de existência do Universo as constantes da Natureza mudam ligeiramente de valor. Mesmo que cada ciclo tenha sua própria criação e tempo, o universo fênix é eterno, um multiverso no tempo.

minutos, prótons e nêutrons juntaram-se para formar os núcleos dos átomos mais leves: hidrogênio, hélio, lítio e alguns de seus isótopos. (Como vimos, isótopos são variações de um elemento químico contendo um número diferente de nêutrons no núcleo.) Em torno de 380 mil anos após o Bang, elétrons juntaram-se aos prótons para formar os primeiros átomos de hidrogênio. Após algumas centenas de milhões de anos, nuvens de hidrogênio entraram em colapso, implodindo sob a ação de sua própria gravidade para formar as primeiras estrelas, gigantes que viveram por pouco tempo (ao menos para estrelas), antes de explodir, convertendo suas entranhas nos elementos químicos mais pesados (cálcio, oxigênio, carbono...) e espalhando-os pelo espaço interestelar. Quando o Universo tinha alguns bilhões de anos, nasciam as primeiras galáxias, agrupando milhões ou mesmo bilhões de estrelas, a maioria delas acompanhada de uma corte de planetas girando ao seu redor.

Nossa galáxia, a Via Láctea, surgiu cerca de 4 bilhões de anos após o Bang, a partir da combinação de galáxias menores. Passaram-se mais 5 bilhões de anos (ou seja, 9 bilhões de anos após o "bang"), até que surgiu nosso sistema solar, do colapso de uma nuvem de hidrogênio situada a cerca de 30 mil anos-luz do centro da galáxia. Lá, no terceiro planeta a partir do Sol, dos materiais acumulados e misturados durante milhões de anos de erupções vulcânicas, de relâmpagos, de chuvas e evaporações, de detritos vindos do espaço na forma de meteoritos, surgiram as primeiras formas de vida, pulsando nos oceanos primitivos, sem ter ideia da grande aventura que haviam iniciado.

Durante 3 bilhões de anos pouco ocorreu. Mas um pouco certamente essencial, com essas primeiras criaturas sofrendo mutações genéticas que as transformaram em organismos capazes de fotossíntese, gerando energia para sua subsistência a partir do consumo do gás carbônico na atmosfera da Terra primordial, ao mesmo tempo que a enriqueciam de oxigênio. Nessa nova atmosfera, rica em oxigênio, e com seres unicelulares com uma estrutura mais complexa e uma genética mais rica, em torno de 530 milhões de anos atrás a vida finalmente explodiu em diversidade, espalhando-se eventualmente pelos oceanos, terra e ar. Dessa profusão de seres vivos, lutando por comida e sobrevivência, a vida beneficiou aqueles mais bem-adaptados. Cerca de 200 milhões de anos atrás, alguns desses evoluíram em répteis gigantescos, os dinossauros que dominaram o planeta por 150 milhões de anos. Seu reinado foi interrompido há cerca de 65 milhões de anos pela queda cataclísmica de um asteroide na costa do México. Com os dinossauros eliminados, a vida tomou outros rumos. Dos sobreviventes, alguns evoluíram, transformando-se nos nossos primeiros antepassados primatas. A nossa espécie apareceu bem mais recentemente, há apenas 200 mil anos, competindo por espaço e recursos muitas vezes escassos com outras espécies humanoides. Triunfamos, aparentemente graças ao nosso córtex frontal, eliminando os que se opunham ao nosso controle. Do nosso domínio sobre a terra e os animais, eventualmente chegamos à história da civilização, com as primeiras comunidades agrárias cerca de 15 mil anos atrás.

A lição mais importante dessa narrativa moderna da criação é *a união essencial entre tudo o que existe*. Tudo o que existe no nosso Universo teve a mesma origem, no evento que chamamos de Big Bang. Estrelas, planetas, luas, todas as criaturas vivas dividem os mesmos elementos químicos, a poeira cósmica distribuída pela vastidão do espaço. Mudam as proporções, mas não os ingredientes, os elementos da Tabela Periódica. Toda criatura é um aglomerado vivo do que antes era uma estrela. Aqui na Terra, tigre, humano, tubarão ou cogumelo, somos todos descendentes da mesma criatura, uma bactéria que viveu há bilhões de anos. A ciência moderna nos ensina que existia uma unidade material no passado. Com a expansão do Universo, o tempo age como divisor dessa união material, separando as várias criaturas, dando origem à incrível diversidade de mundos e, eventualmente, da vida que existe aqui. Como somos as únicas criaturas cientes da nossa origem conjunta com todas as outras, temos o dever moral de respeitar a vida em todas as suas manifestações. Mais do que o dever moral, temos que celebrar a diversidade da vida, sabendo que cada criatura carrega consigo as sementes de quem somos.

Isso é verdade tanto para a comida que comemos como para as trutas que pescamos. É por causa desse tipo de reflexão — adicionada ao tratamento brutal de animais em fazendas de produção pecuária industrial e mais o impacto ambiental seríssimo da produção industrial de gado e aves — que sou vegetariano há muitos anos. Todo mundo tem que comer, claro, e a carne é uma excelente fonte de proteína, que, como a maioria absoluta dos brasileiros sabe, é muito gostosa. Mas usar gado para converter proteína vegetal (o que as vacas comem) em proteína animal (o que nós comemos) não é um processo eficiente, e menos ainda necessário em termos nutritivos. Milhões e milhões de acres de florestas são cortados anualmente para abrir campos para o pasto. Quantidades absurdas de água são desviadas de rios e de campos de plantio para irrigar plantações de milho que alimentam o gado em megafazendas. Fora o desmatamento desenfreado e o consumo irrestrito de água, a contribuição do gás metano, liberado pelo gado, pelas ovelhas, pelos porcos, pelas galinhas, para o aquecimento global que cresce anualmente. É muita flatulência para nossa pobre atmosfera!

O Brasil e os Estados Unidos são os maiores produtores de carne do mundo. A líder mundial é a JBS, uma companhia brasileira com sede em São Paulo, seguida pela norte-americana Tyson Foods. De acordo com um relatório de Magda Stoczkiewicz, diretora do movimento Amigos da Terra Europa (do inglês, "Friends of Earth Europe"), baseado em dados da Organização de Alimentação e Agricultura das Nações Unidas, "nada representa de forma mais dramática o que há de errado com nossos hábitos alimentares e práticas agropecuárias do que o setor pecuário e a busca insaciável por carne barata e abundante". O relatório, extremamente oportuno, mesmo se perturbador, pode ser encontrado na internet sob o título *Meat Atlas*.

Os números são chocantes. Só a JBS comete o massacre *diário* de 12 milhões de aves, 85 mil cabeças de gado e 70 mil porcos, vendidos para 150 países. Uma verdadeira carnificina. Enquanto vivos, os animais são espremidos em espaços diminutos e cruelmente tratados. Sua morte é brutal; rápida e mecanizada. Para aumentar a margem de lucro, os trabalhadores recebem salários baixos e dividem condições precárias de trabalho, aumentando o seu estresse. Na tentativa de evitar a difusão de doenças, cabeças de gado recebem quantidades enormes de antibióticos: em torno de 80% dos antibióticos vendidos nos Estados Unidos são destinados a aves e gado. Esse abuso resulta no aparecimento de "superbactérias", comprometendo a eficiência desses medicamentos. O processo de seleção natural eventualmente leva a mutações nas bactérias, que as torna imunes às drogas. Esse é um exemplo trágico de como funciona a teoria da evolução. Nos Estados Unidos, cerca de 23 mil pessoas morrem anualmente de infecções resistentes ao tratamento por antibióticos conhecidos. O perigo de infecções pandêmicas já é palpável e potencialmente devastador.

A cadeia de eventos que vai do nascimento do bezerrinho bonitinho na fazenda ao pacote de carne nas prateleiras do supermercado é tingida de sangue e desumanidade. Sim, um churrasco é gostoso e temos 8 bilhões de pessoas para alimentar. Mas temos que nos perguntar por quanto tempo vamos continuar a ignorar o óbvio — que nossa cultura é insustentável ambientalmente e detestável moralmente. Há muito que deixamos para trás nossos ancestrais do Paleolítico. Especialmente os jovens, que deveriam se preocupar com o mundo em que vão viver nas próximas quatro ou cinco décadas, têm que começar a mudar. É hora de nossa dieta ser consistente com nossos avanços culturais. A questão da carne não é uma questão nutricional; existem muitas outras fontes de proteína. A questão da carne é uma questão de paladar e, portanto, cultural. E essa cultura tem que mudar.

Sempre que abordo esse tópico, tento ao máximo não soar crítico ou superior. Afinal, comi carne e peixe por muito tempo, mesmo que não fosse um carnívoro natural. Tentei resistir quando criança, enojado com os nervos e os pedaços de gordura. Mas sendo parte de uma cultura onde carne é sinônimo de comida, fui forçado a comer "como todo mundo". Chorei muito, diversas vezes chegando quase a vomitar na mesa. Após mastigar por minutos aquele mesmo pedaço de bife que não conseguia engolir, saía correndo até o banheiro para cuspir a massa borrachuda na privada. Lembro-me da minha perplexidade quando passava em frente a um açougue e via pedaços gigantescos de carne pendurados por ganchos metálicos, o sangue pingando em poças infestadas de moscas. Até hoje estremeço enojado com essas visões. Antes dos 10 anos, me perguntava como as pessoas podiam comer isso. Mas comiam e continuam comendo, mesmo com tantas outras opções deliciosas e bem mais saudáveis disponíveis, que independem da morte de um animal.

Críticos do vegetarianismo argumentam que a Natureza é cruel, que o homem, no ápice da cadeia alimentar, tem o direito de fazer o que quer com as outras espécies. Predadores comem carne, afirmam; a lei da selva e dos mares é a lei do mais forte, a lei do sangue. É verdade, não existe um escrúpulo moral no leão que come a gazela, na raposa que mata o coelho, ou no tubarão-branco que engole a foca. Mas não somos leões, raposas ou tubarões. Ao contrário deles, não precisamos mais matar outros animais para sobreviver. Mesmo que uma grande fração da população mundial dependa do consumo de carne para sobreviver, os que podem evitá-lo deveriam fazê-lo, dado o que sabemos hoje.

Felizmente, as diferenças entre nós e os predadores naturais está se tornando cada vez mais clara, como vemos no aumento do número de pessoas afiliando suas dietas às práticas sustentáveis na agropecuária. Essas práticas incluem a agricultura orgânica, sem pesticidas, carnes e aves livres de antibióticos, hormônios e outras drogas, e um tratamento mais humano para o gado, porcos e aves. ("Humano" é um adjetivo curioso, implicando que somos, em essência, bons.) Os peixes e frutos do mar são um outro problema seríssimo, com navios do tamanho de campos de futebol esvaziando os oceanos de vida. Mas deixo a questão da pesca predatória industrializada para mais adiante, quando exploro o preço ambiental da pesca recreativa (incluindo a pesca fly) e seu impacto na sustentabilidade da vida nos oceanos.*

---

* O leitor interessado em mais detalhes pode consultar o livro de Paul Greenberg, *Four Fish: The Future of the Last Wild Food* [*Quatro peixes: o futuro do último alimento selvagem*].

Consciência planetária

Minha apresentação no *Le Boreal* continuou com uma sinopse sobre a questão do aquecimento global. É difícil não pensar no assunto na Islândia. No início de 2015, um time de cientistas da Universidade do Arizona publicou um estudo mostrando que a ilha está crescendo, sua superfície, subindo 3,6 centímetros por ano. Os cientistas mostraram que esse crescimento é consequência do derretimento acelerado das geleiras. Com o alívio da pressão sobre o solo, a ilha sobe lentamente, como se propulsionada por molas. Para chegar a essa conclusão, a equipe de cientistas analisou dados de GPS acumulados durante vinte anos, em mais de sessenta locais distribuídos pela ilha. Os números são assustadores: a Islândia está perdendo cerca de 1 bilhão de toneladas de gelo anualmente, num processo que tende a acelerar à medida que a massa de gelo diminui. Se o degelo continuar nesse ritmo, em 2025 a elevação da ilha será de 4 centímetros ao ano, semelhante ao crescimento de uma criança de seis anos. Com a elevação da ilha e o alívio da pressão sobre o solo, rochas subterrâneas profundas derretem mais rapidamente, alimentando os vulcões islandeses já bem impacientes. O prognóstico não é nada bom.

Quando discutimos o aquecimento global, temos que abordar duas questões essenciais: primeira, o aumento gradual da temperatura global; segunda, a causa desse aumento. Em particular, é necessário determinar se essa causa pode ser atribuída a atividades humanas ou se vem de processos naturais além de nosso controle. Obviamente, se somos nós os culpados, devemos fazer algo para mitigar os efeitos da poluição.

A ideia básica é extremamente simples: se mais calor entra na Terra do que é liberado para o espaço, a Terra aquece; caso contrário, se a Terra libera mais calor do que recebe, a Terra resfria. A parte difícil é calcular os detalhes de como o calor flui pela superfície da Terra e da Terra ao espaço, incluindo todos os fatores que podem interferir com isso. É aqui que entra a pesquisa climatológica, usando modelos matemáticos que visam incluir todos os fatores capazes de influenciar o clima. Usando esses modelos, cientistas fazem extrapolações do que poderá ocorrer tanto no futuro próximo quanto no futuro mais distante. É claro que a credibilidade dessas extrapolações depende da eficiência desses modelos.

Podemos imaginar a atmosfera como sendo uma espécie de cobertor envolvendo a Terra. Um cobertor um tanto peculiar, atravessado apenas por alguns tipos de radiação, enquanto outros são bloqueados. Um cobertor normal funciona como uma espécie de barreira, mantendo o calor que o corpo gera próximo da pele. Quanto mais espesso o cobertor, mais o calor fica retido junto à pele. No caso da atmosfera, a maior parte do calor vem do Sol. Existem fontes terrestres de calor, ativas no interior da Terra, como a radioatividade natural (elementos químicos que se desintegram espontaneamente, liberando energia) e a atividade vulcânica, processos que geram conjuntamente o chamado "fluxo de calor geotérmico". Por mais dramáticas que possam parecer, essas fontes terrestres de calor contribuem menos de 0,03% do total, quando comparadas com o Sol.

A maior parte da radiação solar chega ao topo da atmosfera em três tipos: a luz visível (40%), a radiação infravermelha (50%), e a radiação ultravioleta (10%). Graças à proteção de nossa atmosfera, a radiação ultravioleta que chega na superfície contribui com apenas 3%, enquanto a visível sobe para 44%. Após parte da radiação ser absorvida pela superfície, parte ser refletida, e parte ser usada, o que resta volta ao espaço de forma degradada, principalmente na forma de radiação infravermelha. Podemos imaginar a Terra como uma espécie de máquina que usa e degrada radiação solar (o combustível da máquina) em radiação infravermelha (o que sai na exaustão). O aquecimento global ocorre quando certos gases na atmosfera interferem com a difusão da radiação para o espaço, agindo como um cobertor que vai ficando cada vez mais espesso. Parte dessa radiação em excesso é refletida de volta para a superfície, causando o aumento da temperatura.

O efeito oposto, um resfriamento global ou local, ocorre quando partículas de poeira suspensas na atmosfera (conhecidas como aerossóis) bloqueiam a luz do Sol. Um exemplo dramático ocorreu há 65 milhões de anos na península de Yucatán, no México, devido à colisão de um asteroide de 10 quilômetros de diâmetro. Esse impacto é a causa principal da extinção dos dinossauros e cerca de 50% da vida que existia então na Terra. O impacto levantou uma quantidade gigantesca de poeira, causando um longo e escuro inverno que durou décadas. Menos dramáticas, mas bem mais comuns, erupções vulcânicas podem emitir poeira suficiente para interferir com o clima global. Em 1883, a erupção do vulcão Krakatoa, na Indonésia, interferiu com o clima global por quatro anos. Por exemplo, durante o inverno de 1887-1888 no hemisfério norte, quedas de neve quebraram todos os recordes registrados até então.

Para monitorar as mudanças climáticas das últimas décadas, cientistas do mundo inteiro colhem dados em estações que cobrem quase toda a superfície e as regiões inferiores da atmosfera terrestre. Esses dados são, então, usados na construção de modelos climáticos que visam fazer previsões do que pode ocorrer no futuro. Após serem discutidos e cuidadosamente analisados, os resultados são tabulados e interpretados nos relatórios do Painel Intergovernamental de Mudanças Climáticas (IPCC).

Eis as respostas atuais para as duas questões centrais sobre o aquecimento global: primeiro, não há dúvida de que, nos últimos 150 anos, a temperatura global está subindo lentamente. Existem flutuações anuais, mas em média o aumento gradual na temperatura global é transparente. Usando um período de cinco anos como parâmetro, fica claro que o aumento da temperatura vem seguindo o aumento da industrialização a partir do início do século XX. Mais importante ainda, a taxa de crescimento desse aumento de temperatura dispara em torno de 1980 e não demonstra qualquer sinal de diminuição. Apenas uma pequena minoria de cientistas e aqueles motivados por agendas políticas ou econômicas questionam esses resultados. Só não vê quem não quer. Sem entrar em detalhes, a linguagem usada nos relatórios do IPCC mudou de moderada a praticamente certa. (Os relatórios estão abertos ao público. Basta consultar www.ipcc.ch.) O planeta está esquentando. Mesmo incluindo a margem de erro nas medidas, os dados mostram que os anos de 2005, 2010 e 2014 foram os mais quentes já registrados. Ignorar esse fato é como ficar na frente de um trem e achar que se fecharmos os olhos nada vai acontecer.

A segunda questão: se o aquecimento global é consequência de atividades humanas, é mais complexa e politicamente delicada, dado que a resposta influencia decisões políticas e econômicas. Mesmo assim, é importante entender que a questão em si não é política ou econômica, mas sim científica. Para respondê-la, é necessário isolar cada contribuição possível para o aquecimento global e analisar quantitativamente seus efeitos locais e globais. Mais uma vez, a maioria absoluta dos cientistas concorda que o aumento da temperatura global é devido ao aumento na poluição atmosférica, consequência do desmatamento e da queima de combustíveis fósseis. A causa é o acúmulo de gases que provocam o chamado efeito estufa, o aumento da refletividade da atmosfera (ou seja, o aumento da espessura do cobertor) causado principalmente pelo gás carbônico, vapor d'água, metano, óxido nitroso e ozônio. Se nenhum desses gases estivesse presente na atmosfera, a temperatura média do planeta estaria cerca de 15 graus centígrados mais baixa. Por outro lado, gases em excesso causam o aumento da temperatura.

Desde o início da Revolução Industrial, o acúmulo de gás carbônico na atmosfera cresceu de 289 partes por milhão (ppm) ao valor alarmante de 398 ppm, de acordo com dados coletados no topo do monte Mauna Loa, no Havaí. Modelos climáticos preveem que, quando a concentração atmosférica de gás carbônico chegar a valores duas vezes mais altos do que no início da Revolução Industrial, a temperatura global subirá entre 2 e 5 graus centígrados. Dada a natureza estatística desses modelos, é difícil saber exatamente quando isso ocorrerá. Entretanto, todos os modelos indicam que, a menos que cortes radicais na emissão de gás carbônico sejam efetuados nos próximos anos, esse aumento de temperatura ocorrerá antes do final deste século. Algumas mudanças climáticas já estão ocorrendo, mesmo que seja difícil isolar eventos locais.

Por exemplo, não podemos afirmar com certeza que um aumento no número de tornados na região central dos Estados Unidos durante um certo mês seja consequência do aquecimento global. Por outro lado, a instabilidade climática é definitivamente uma das consequências mais conhecidas do aquecimento global, especialmente a exacerbação de tendências já existentes: secas e períodos de chuva mais intensos, verões mais quentes. No caso dos tornados, mesmo que seu número seja menor hoje do que em meados do século passado, os tornados em grupo — muitos ocorrendo num curto período de tempo — são mais numerosos.

Considerando os resultados da astronomia moderna e os modelos climatológicos das últimas décadas, chegamos a uma conclusão inescapável: a Terra é um planeta raro, com recursos finitos. Evoluímos aqui e dependemos de sua estabilidade ambiental para nossa sobrevivência. Com quase 8 bilhões de pessoas para alimentar, precisamos criar uma relação mais sustentável com nossa casa planetária, a única que pode nos abrigar pelas próximas décadas. (Realisticamente, por bem mais tempo do que isso.)

Por que é tão difícil convencer as pessoas da urgência desse problema? Primeiro, porque mudanças climáticas ocorrem lentamente, em escalas de tempo com que poucos se preocupam. Uma coisa é uma bomba explodindo; outra é a previsão de que algo catastrófico ocorrerá em cinquenta anos. Quem liga, certo? "Não é problema meu." Segundo, existe uma enorme pressão política e econômica para manter o status quo. O alarmismo sobre a previsão de cenários de fim de mundo e de mudanças devastadoras no planeta que levarão ao caos social não assusta as pessoas, ao menos não tanto quanto deveria. Mais realista é uma mudança de perspectiva, que ocorrerá quando as tecnologias que usam fontes renováveis de energia forem mais baratas e de fácil acesso. Melhor ainda, quando essas tecnologias forem economicamente atraentes: se, um dia, uma combinação de energia solar, eólica e biomassa gerar energia mais barata do que o carvão, gás e petróleo, os combustíveis fósseis terão seus dias contados. Esse é um desafio tecnológico, algo que pode ocorrer nas próximas duas décadas. A mudança de perspectiva já começou. Cada vez mais, vemos painéis solares e turbinas de vento espalhadas pelo mundo. Nossa sinergia com o planeta já está crescendo.

O valor de uma geração é o seu legado para as próximas. Espero, pelas nossas crianças, que o legado da minha geração seja um planeta melhor, mais limpo, habitado por seres humanos mais espiritualizados, cientes de seu dever moral de preservar a vida a todo custo. O que pode ser mais importante do que garantir o futuro da nossa espécie?

O templo

Encerrada minha apresentação, era hora de voltar para Reykjavík e levar minha esposa e filho ao aeroporto. Finalmente, minha aventura no norte da Islândia estava para começar. Confirmei todos os detalhes com o competentíssimo Haraldur Eiríksson, diretor do Clube de Pesca de Reykjavík (em inglês, "Reykvajík Angling Club"). Meu guia, Ari, me pegaria no aeroporto de Akureyri e seguiríamos direto para o Hof, uma pequena pensão situada às margens do rio Laxá que hospeda apenas pescadores dedicados à pesca fly. Qualquer outro tipo de pesca por essas bandas é considerado uma heresia. Eu teria dois dias inteiros no Laxá, um dos melhores rios do mundo para a pesca da truta-marrom (do inglês "brown trout"), a mesma que peguei na Inglaterra e na Itália. O rio nasce no lago Myvatn, um espetacular santuário de pássaros, e segue uma vasta planície, dividindo-se numa série de afluentes. A água, puríssima, é rica em nutrientes que fluem do lago. O resultado é uma multidão de trutas supernutridas, em média pesando 3 quilos, com algumas chegando a 5, 6 ou mais. Sabia que seria uma experiência bem diferente de todas que tive até então.

No caminho do aeroporto, Ari explicou que a pesca era das oito da manhã até as duas da tarde, e das quatro da tarde até as dez da noite. Ou seja, doze horas de pescaria por dia, mais do que o suficiente até para os obsessivos. O aspecto mais mágico da pesca fly no Laxá em julho é que você vai atrás de trutas gigantes usando iscas "secas", as que boiam na água imitando as efeméridas e outros insetos aquáticos. Isso significa que o peixe sobe até a superfície para abocanhar seu lanche. Para mim, nenhuma experiência na pesca fly se compara a fisgar uma truta gigante numa isca seca. Estranhamente, ao mesmo tempo que sentia meu entusiasmo crescer a cada momento, sentia também uma sensação desagradável, uma espécie de ansiedade que eu não sabia de onde vinha.

A pensão Hof é extremamente simples, situada em torno de 100 quilômetros de Akureyri. Quartos minúsculos com um banheiro mais minúsculo ainda, chuveiros comunais, e uma sala de jantar. As pessoas não vão lá atrás de conforto. A comida, por outro lado, é excelente, mesmo se desafiadora para um vegetariano. As batatas e legumes das fazendas locais me salvaram.

Como chegamos no final da tarde, tive tempo de explorar as redondezas. Fazia mais frio do que esperava, e tive que usar suéter e casaco, imagino que algo normal, mesmo no alto verão islandês. As águas azuis do Laxá pareciam fluir em todas as direções, multiplicando-se em tributários que criavam piscinas e cachoeiras, oferecendo incontáveis bifurcações e corredeiras, num caos fluvial inigualável. Mais que um rio, era uma rede de rios, espalhados pela planície pontuada por rochas vulcânicas decoradas por líquens multicoloridos. Pareciam aquarelas pintadas pelos elfos, uma celebração da vida em meio à desolação do tempo e do clima inclemente. Ao longe, podia ver casas brancas com tetos vermelhos, típicas das fazendas islandesas, cercadas por picos nevados.

A baixa vegetação permite o acesso fácil ao rio, bem diferente do que estou acostumado na Nova Inglaterra, onde as margens são cobertas por árvores e arbustos espinhentos. Sem um guia, seria possível explorar o labirinto de águas por um ano. A correnteza é perigosa, variando rapidamente de ponto a ponto. A profundidade também varia inesperadamente. Um passo em falso e você afunda. Pescar aqui não é para principiantes. Uma truta surgiu à tona, atrás de uma nuvem de efemérides que flutuava baixa. Foi logo seguida de outra e mais outra. Enormes, pareciam mais com salmões do que com as trutas que estava habituado. Meu coração acelerou, ao mesmo tempo excitado e ansioso.

Sentei-me numa pedra, refletindo sobre o que acontecia, sobre onde estava nesse meu trajeto. Eram sete anos desde aquele dia em Hanôver, no quadrante central do Dartmouth College, onde vi as varas de pesca sendo brandidas ao vento sob a contagem metódica de Rick Hamel, o instrutor com o chapéu vermelho de beisebol. Das minhas primeiras impressões sobre a pesca fly, graças ao Brad Pitt em um de seus primeiros papéis importantes, até chegar às margens do Laxá na Islândia, abracei o esporte com a devoção sincera de um monge aprendiz, tentando aprender essa arte da melhor forma que pude. Não era um mestre, como Jeremy ou Luca Castellani, mas também nunca quis ser um. Graças a eles, aprendi e cresci muito. Cresci como pescador e cresci como amante da Natureza, o que, no fundo, sempre foi minha intenção principal. Nunca pesquei com o intuito de pegar peixe. Se pegasse, ótimo, admirava sua beleza e me apressava em retorná-lo às águas de onde tinha vindo. A verdade é que sempre senti uma ponta de culpa quando via o peixe de olhos esbugalhados, se "afogando" em tanto ar. Mesmo a elegância da pesca fly esconde um ato de violência, a retirada a força de uma criatura de seu ambiente natural. Sentado às margens do Laxá, o paraíso dos amantes desse tipo de pescaria, comecei a me perguntar o que faria em seguida.

Desde que era aquele menino de 11 anos, a pesca sempre foi um portal para uma dimensão espiritual do ser, um modo de transcender a passagem do tempo. Brandindo a vara de pesca contra o vento, entrando na corrente apressada, vendo a linha seguir o fluxo das águas, os sentidos em alerta, olhos prontos para detectar qualquer mudança, tento estabelecer na pesca uma relação com uma dimensão além da minha. Para mim, a pesca fly é uma forma de meditação, um modo de se esvaziar de si mesmo, de deixar o ser fluir em direção a um vazio que é sua forma mais primitiva de expressão. Fazendo, não fazemos; agindo, não agimos. Sentado na pedra às margens do Laxá, entendi que fisgar um peixe, o resultado final do ato de pescar, é uma interrupção. O choque da fisgada, a vara que dobra, a linha que escapa apressada da carretilha, o pico de adrenalina, todos esses aspectos eram alarmes trazendo-me de volta ao presente, para o tempo real, que passa sem parar. Paradoxalmente, entendi que fisgar o peixe estragava minha experiência de pescar, minha busca por uma existência atemporal.

Na distância, ouvi Ari me chamando para jantar. Fui caminhando devagar, tentando processar o que estava acontecendo comigo. Não podia dividir o que estava sentindo no momento, certamente não com os outros pescadores no Hof, que me considerariam louco ou bobo ou ambos. Quando cheguei, vi um grupo deles dentro de uma Jacuzzi, bebendo vinho e comendo arenque defumado. Fiquei sabendo que um deles era o famoso Gunnar Egilsson, que construiu um caminhão gigantesco para quebrar o recorde de travessia das planícies geladas da Antártica. Sua esposa, uma senhora com porte de rainha viking, me viu passando.

"Ei, você! Entre na Jacuzzi com a gente. Somos feios, mas ninguém aqui morde", disse. Gunnar sorriu em silêncio.

Perguntei ao Ari se tinha tempo, botei um calção e entrei na Jacuzzi cheia de islandeses, completamente sem jeito.

"Então, o que você faz por essas bandas?", perguntou a viking. "Fugindo da polícia?" Risos gerais. Aparentemente, era a única do bando que falava.

"Aqui, tome um copo de vinho com a gente. Horrível, chileno. Se fosse da Argentina, não tinha mais uma gota."

Olhei o rótulo, um Carménère perfeitamente razoável. Agradeci efusivamente e sentei quieto num canto da Jacuzzi, bebendo um vinho que vinha do outro lado do planeta, ouvindo a língua mais estranha de todas as línguas estranhas, tentando identificar alguma palavra ou radical familiar no meio da conversa que fluía solta. A cozinheira apareceu na porta da cozinha e berrou alguma coisa.

"Jantar em dez minutos. Vai rápido, se não ela não te dá nada."

Quando cheguei no refeitório, vi uma mensagem do Ari dizendo que precisou voltar para casa. Eram 22h45, hora normal de jantar no verão daqui, quando os pescadores estão chegando do rio e o Sol começa a descer preguiçosamente no céu, descrevendo um longo arco sob o horizonte.

"Mas por que você está sentado sozinho? Vem para cá com a gente!" Tentei dizer não, mas Edda, a rainha viking, não aceitou. Foi até minha mesa, pegou meu garfo e faca e pôs ambos ao seu lado. Jamais me atreveria a contrariá-la.

"Então, como foi a pesca?", perguntou. Respondi que havia apenas chegado, e que começava amanhã. "Você vai se divertir muito", garantiu.

Vinham todos os anos na mesma época, em meados de julho. Gunnar falou pela primeira vez, me perguntando de onde vinha e o que fazia. Ficaram bem intrigados com a ideia de um físico teórico brasileiro morando e trabalhando nos EUA. Edda viu meu prato e balançou a cabeça.

"Ah, por isso que não vi carne no seu prato, né? Um homem de princípios."

"Muito observadora", disse.

"Para celebrar os cinquenta anos do meu Gunnar, convidamos 250 pessoas para jantar e todo mundo comeu peixe e carne que nós mesmos matamos!" Gunnar sorriu em silêncio, outra vez. "Você come o peixe que pega?"

"Não, eu ponho de volta."

"Então, pesca pra quê?"

"Bem, eu..."

"Pra celebrar os meus cinquenta anos, vamos até o Alaska. Quero pescar salmão e caçar urso!"

Visualizei Edda com seu capacete de viking, espada numa mão e a cabeça decapitada de um urso na outra. Enquanto sorria, tentava entender o que leva tanta gente a se vangloriar da matança de animais inocentes. Que direito temos de matar criaturas vivas com tamanha impunidade e até admiração? A menos que seja uma questão de sobrevivência, o que nos daria o direito moral de determinar o destino de outro ser vivo?

Voltei ao meu quarto para organizar o equipamento que usaria no dia seguinte e tentar dormir um pouco. Quando abri a janela, meu queixo caiu. O céu parecia estar em chamas, o Sol logo abaixo do horizonte pintando de rubro um mar de nuvens que ondulava de norte a sul. Foi o pôr do sol mais incrível e mais longo que vi em minha vida, durante mais de uma hora. Mesmo sabendo que a noite praticamente não existe em meados de julho nessas latitudes, não esperava por esse espetáculo celeste. Foi difícil fechar a janela e tentar dormir. Mas logo estaria pescando no paraíso, e precisava recarregar a bateria.

Fiquei feliz quando vi o pote cheio de *skyr*, o rico iogurte servido na Islândia, na mesa do café da manhã. Nada melhor, especialmente misturado com granola e mel, e acompanhado de um café bem forte Fazia mais frio do que havia previsto, e mais uma vez tive que me agasalhar antes de sair. Ari chegou pontualmente às oito e não perdemos tempo. O rio estava à nossa espera.

Uma rápida caminhada de quinze minutos nos levou até um tributário relativamente estreito, com menos de 20 metros de largura. A água fluía lenta e densa, aparentemente bem funda. O rio é dividido em locais designados para a pesca fly, cada um com seu nome, infelizmente num islandês incompreensível. Ari preparou minha vara, uma peso-8 com uma isca imitando um mosquito preto, e pediu que lançasse no "estilo inglês", rio acima, e deixando a linha ser trazida de volta pela correnteza. Foi só a isca bater na água para que a vara dobrasse ao meio. Vi a bela truta emergir, enorme, com quase 40 centímetros de comprimento, lutando pela liberdade. Havia aprendido minhas lições, e deixei o peixe seguir seu caminho, mantendo a linha livre, mas sempre firme, a vara na vertical. Quando o peixe parava para descansar, recolhia um pouco da linha suavemente, tentando minimizar o dano na sua mandíbula e não prolongar muito a luta. Meus pensamentos do dia anterior estavam surtindo efeito. Seria possível pescar com compaixão? A ideia me pareceu tão absurda que sorri. Nem mesmo a elegância da pesca fly esconde a violência do ato.

Após cinco minutos, trouxe a primeira truta islandesa aos meus pés, uma criatura belíssima, dourada, com pintas amarronzadas espalhadas pelo corpo como se fossem uma mensagem numa escrita secreta. Era claro porque trutas pertencem à família dos salmonídeos. Tirando as pintas, passaria fácil por um salmão, ao menos para olhos menos treinados.

Em duas horas no mesmo local, consegui fisgar quatro trutas, variando em tamanho de 40 a 50 centímetros, as maiores que havia visto em minha vida. Animado, Ari me levou a um outro local, onde o rio alargava bastante. "Aqui estão os dinossauros", falou. Por dinossauros, quis dizer trutas gigantes, algumas pesando 6 quilos. Assim que chegamos, pude ver as nadadeiras dorsais cortando as águas, os peixes agigantados parecendo resultar de um experimento em engenharia genética. Aparentemente, estavam atrás de mosquinhas minúsculas. Lancei corrente acima e corrente abaixo; lancei atravessando o rio e em ângulos enviesados. Tentamos vários tipos de iscas, de tamanhos diferentes. Nada. As nadadeiras continuaram cortando a água solenemente, indiferentes à nossa presença. Esses eram peixes mais velhos, mestres do ofício, senhores das águas, experientes. Nossos truques não iriam enganá-los. Falhamos completamente.

Paramos para o almoço e um descanso merecido. Tínhamos ainda seis horas de pesca durante a tarde, explorando partes diferentes do rio. Ari era um guia bem tranquilo, levando-me aos locais que conhecia, escolhendo as iscas que costumavam funcionar enquanto esperava pacientemente à beira do rio com a câmara na mão. De vez em quando, sugeria um local onde deveria lançar, ou o melhor método de pesca. O vento estava calmo e havia esquentado. Um dia perfeito. Passamos algumas horas seguindo o curso do rio, que serpenteava pela planície em todas as direções. Foi a melhor experiência que tive em toda a minha carreira de pescador, tanto em relação ao número quanto ao tamanho dos peixes. Senti uma sensação de missão cumprida, ao mesmo tempo feliz e aliviado quando chegou a hora de voltarmos ao Hof. A cada peixe que pegava, sentia uma ponta de ansiedade misturada com a adrenalina do momento. O conflito crescia. Heráclito havia compreendido isso 25 séculos atrás, quando afirmou ser impossível conhecer a alma, tão profunda que é. Às vezes, partimos numa busca cheios de certezas apenas para descobrir que nossos objetivos mudaram no meio do caminho. Mas ainda me restava um dia no Laxá, que prometia ser tão produtivo quanto o primeiro. Melhor deixar esses questionamentos para mais tarde.

No jantar, Edda queria saber tudo sobre minhas aventuras. No desespero da fome, me flagrou pegando um pedaço de lasanha de carne.

"Ahá! Comendo carne, é?"

"É, estou precisando de proteína", respondi, envergonhado e nada feliz comigo mesmo. Desde então, nunca viajo sem um suprimento de castanhas, nozes e barras de proteína.

"Agora sim você virou um homem de verdade!", exclamou Edda, rindo vitoriosamente. A sala inteira caiu na gargalhada. Até o misterioso Thorodur E., o legendário pescador que usava um chapéu estilo Sherlock Holmes e não tirava o cachimbo da boca, membro do seriíssimo "Comitê do Rio", sorriu ligeiramente. "Ano que vem você vem comer urso na nossa casa!"

Caí num sono profundo, preparando-me para o próximo dia, o meu último. Ari me levou numa outra parte do rio, onde uma sequência de quedas-d'água servia para oxigenar a correnteza, trazendo nutrientes à vida fluvial: local perfeito para a pesca fly, com piscinas rasas e fundas ao longo das margens. O acesso à água era fácil, e caminhar no rio não apresentava grandes desafios, se botas adequadas são usadas, com grampos de borracha na sola. Era um dia mágico, sem vento, nublado e até meio quente, ao menos para a Islândia. Tudo parecia pulsar com o mesmo ritmo, ao som de uma melodia inaudível, que soava desde o nascer do mundo: o fluir das águas; o movimento metódico da vara; meu corpo, submerso até quase a cintura, equilibrado nas pedras; a linha, que dançava na superfície; a isca, que imitava a vida. Ouvi as vozes dos mentores e guias que tive através dos anos, homens pacientes, generosos, apaixonados pela Natureza, pela arte da pesca fly. Para eles também a pesca era um portal para uma realidade paralela, uma janela que se abria para uma parte oculta do ser, um processo de pró-cura, como dizia o psicanalista Hélio Pelegrino, a cura através da busca.

As horas passaram como se o tempo não existisse. As trutas me agraciaram com suas visitas, criaturas mágicas que são, expressão da mais profunda harmonia com a Natureza. Enquanto admirava a simetria imperfeita de cada uma delas, seus corpos dourados refletindo o Sol que descia, pensei nas linhas de William Blake:

> Tigre, Tigre, fogo ativo,
> Nas florestas da noite vivo;
> Que olho imortal tramaria,
> Tua temível simetria?*

---

* William Blake, *Canções da inocência e da experiência*. Tradução de Mário Alves Coutinho e Leonardo Gonçalves. Belo Horizonte: Editora Crisálida, 2005.

Existia algo de sagrado nas trutas, na graça elegante de suas formas, produto de milhões de anos de evolução, de incontáveis tentativas e erros ao longo do jogo da vida. Se tivéssemos a mesma intimidade com o mundo, nunca tirando mais do que o necessário, nunca usando mais do que precisamos, respeitando o ritmo natural da vida, dos elementos, conservando energia, redefiniríamos o modo como habitamos esse planeta e exploramos seus recursos. As trutas têm muito a nos ensinar, se soubermos ouvi-las.

Disse a Ari que queria passar minhas últimas horas sozinho, pescando perto do Hof. Ele concordou, dando-me algumas iscas que havíamos usado no dia anterior. Entrei na água sabendo aonde ia. As trutas estavam onde achava que estariam, nos lugares mais sensatos, onde a corrente é dividida ao passar por uma pedra grande, na junção de duas correntezas, lugares onde quase não precisam nadar, esperando que a comida venha até elas, minimizando assim seu esforço. Lancei corrente acima, deixando a isca fluir com o movimento preguiçoso das águas, cortejando a simples beleza do inesperado. Nenhum pescador sabe quando e se um peixe irá fisgar sua isca; a surpresa é inevitável, assim como a explosão de adrenalina que vem com o dobrar da vara ao meio, com a linha que escapa por entre seus dedos, com o contato com outro ser vivo.

Quando trouxe a pequena truta, belíssima, para minha rede, o menino apareceu, flutuando sobre as águas. Sorriu em silêncio, sabendo como me sentia, feliz e ansioso, emoções em conflito. Mostrei-lhe o peixe, tão orgulhoso quanto ele se sentiu, quatro décadas antes, quando fisgou seu grande peixe nas águas de Copacabana.

"Rápido, põe o peixe de volta", disse. Apressei-me em livrar o peixe do anzol. Senti o menino, seu calor, se aproximando de mim. Peguei sua mão, e ele a minha. Naquele momento, depois de tanto tempo, voltei a ser ele.

Jantei sozinho naquela noite. Gunnar e Edda haviam partido, e o lugar parecia deserto. Antes de dormir, saí mais uma vez, para ouvir o rio e ver o Sol se esconder atrás das colinas. Pensei em assuntos mais práticos, relacionados com a sustentabilidade da pesca como esporte. Tirando alguns poucos locais no planeta, como o rio Laxá, quase nenhuma população nativa de trutas sobrevive intacta. Só nos Estados Unidos, cerca de 38 milhões de pessoas compram licenças de pesca anualmente, 8 milhões delas para pescar truta e salmão.* No Brasil, desconheço o número, mas imagino que, tirando locais específicos de proteção ecológica, como o Pantanal, a prática ocorra impunemente, ou com fiscalização mínima. Para sustentar a indústria da pesca amadora americana, agências federais e estaduais estocam em torno de 130 milhões de trutas em rios e lagos espalhados pelo país. Estudos mostram que apenas cerca de 30% desses peixes sobrevivem a transição dos viveiros aos rios. Para piorar, a população de trutas em viveiros, que chega a 12 mil toneladas anuais, necessita de 15 mil toneladas de alimentos, derivados principalmente de arenque, savelha e anchovas, colhidos de oceanos que estão sendo rapidamente exauridos de vida. O esgoto desses viveiros é jogado, sem tratamento, nos rios locais, prejudicando o ecossistema. Para acomodar a enorme pressão da pesca amadora, trutas de espécies diferentes são misturadas com populações locais, sem estudos de seu impacto na fauna fluvial. Combinando todos esses fatores, a triste verdade é que até mesmo uma atividade de rara elegância e simbolismo como a pesca fly é mais um movimento humano de predação ambiental.

Algo havia mudado em mim; uma cumplicidade com o peixe, com a vida, a humildade de ser apenas uma criatura dividindo o mesmo planeta com tantas outras. Homens, animais, todos lutamos pela sobrevivência. A Natureza não sabe o que é a bondade. A Natureza não sabe. Mas nós sabemos, ou deveríamos saber, nos declarando *Homo Sapiens*, literalmente "homem sábio". Onde encontramos essa sabedoria? No modo como dividimos o mundo com outras criaturas? Onde está a sabedoria quando matamos um leão ou um elefante a tiros, quando matamos um tubarão ou salmão

---

* O leitor interessado pode consultar *The Quest for the Golden Trout: Environmental Loss and America's Iconic Fish* [*A busca pela truta dourada: danos ambientais e o peixe icônico da América*], de Douglas M. Thompson.

por divertimento, para nos vangloriar, como se fossem troféus? Quais os valores morais que guiam o dedo que puxa o gatilho ou que arranca o peixe da água? Existem muitas formas de concretizar os nossos desejos e impulsos, de buscar por grandes realizações e descobertas, que não envolvem a matança de vidas inocentes. Existem muitas formas de nos aproximar da Natureza sem mutilar suas criações.

Sempre soube disso, mas achava que soltar o peixe era suficiente, que o ato demonstrava uma postura mais bondosa com a vida e a Natureza. Estava errado. Se soltar o peixe funcionasse para sustentar a população nos rios, a gigantesca indústria de estocagem não seria necessária. Os recursos usados para a criação de peixes em viveiros dedicados à pesca amadora ilustram dramaticamente o desequilíbrio da nossa relação com os rios que tanto amamos.

Antes de voltar para o quarto, o Sol já baixo, caminhei até a beira do rio. Como se por mágica, vi uma truta enorme pular atrás de uma efemérida; a simples beleza do inesperado. Era uma despedida. Lembrei das palavras de Luca, meu guia na Toscana, dizendo que a pesca noturna era a forma mais pura de pesca, instinto misturado com poesia. Uma união com o rio, com seus sons, com as trutas. Naquele momento, entendi que podia experimentar tudo isso sem uma vara de pesca na mão, sem a intenção de fisgar um peixe. Foi então que as paredes do monastério desapareceram e entendi que o templo é o mundo.

Agradecimentos

Este livro é, antes de mais nada, uma expressão do meu amor pelo mundo natural. Com o passar dos anos, tive o privilégio de conhecer muito do nosso planeta, dos seus rios, mares, florestas e montanhas. Minha gratidão é enorme por ter tido essas oportunidades.

Agradeço à minha esposa, Kari, por sua sabedoria e companheirismo; por saber não só do que preciso, mas também por saber como me dizer o que preciso. Sou abençoado por sua luz todos os dias.

Agradeço ao meu editor nos Estados Unidos, Stephen Hull, pelo seu interesse por este projeto e seu apoio a este livro que mistura tantos gêneros literários. Agradeço, também, ao meu agente Michael Carlisle por seu entusiasmo e amizade.

No Brasil, agradeço ao meu editor na Record, Carlos Andreazza, por sua energia infalível e apoio neste e em outros projetos literários, e a toda equipe editorial da Record. Também a João Paulo Riff, pelo seu profissionalismo e prontidão. E a Luana Maria Nunes, por seus comentários após ter lido a primeira versão em português.

Finalmente, dedico este livro a todas as trutas que conseguiram escapar da constante intrusão humana em seu mundo. Como as equações que não soube resolver, sua essência permanecerá além do nosso alcance, desconhecida, misteriosa, inspiradora. Melhor assim.

Este livro foi composto na tipologia ITC Officina Sans Std, em corpo 11/16, e impresso em papel off-white no Sistema Cameron da Divisão Gráfica da Distribuidora Record.